LOCUS

LOCUS

LOCUS

LOCUS

Smile, please

smile 42 魔鬼奶爸

My Son With Me

作者：張孟起
插畫：麥仁杰

責任編輯：韓秀玫
美術編輯：謝富智
法律顧問：全理法律事務所董安丹律師
出版者：大塊文化出版股份有限公司
台北市105南京東路四段25號11樓
www.locuspublishing.com
讀者服務專線：0800-006689
TEL：(02) 87123898　FAX：(02) 87123897
郵撥帳號：18955675　戶名：大塊文化出版股份有限公司
e-mail:locus@locuspublishing.com
行政院新聞局局版北市業字第706號

總經銷：北城圖書有限公司　地址：台北縣三重市大智路139號
TEL：(02) 29818089 (代表號)　FAX：(02) 29883028　29813049
製版：源耕印刷事業有限公司
初版一刷：2001年 8 月
定價：新台幣 180 元
ISBN 957-0316-82-9
Printed in Taiwan

國家圖書館出版品預行編目資料

魔鬼奶爸 / 張孟起著 .— 初版-- 臺北市：
大塊文化，2001 [民 90]
面；　公分. (smile ; 42)

ISBN　957-0316-82-9 (平裝)

1. 父親　2. 父母與子女　3.親職教育

544.141　　90013137

My Son With Me

魔鬼奶爸

張孟起◎著

目錄

魔鬼奶爸　序

起來，不願做孩子奴隸的父母　6

壹：魔鬼奶爸思想教育　13

一：教育孩子　老爸責無旁貸　14

二：不要被孩子的愛所威脅　20

三：培養孩子單兵作戰的能力　25

四：望子成龍？省省吧！　32

五：別問你能爲孩子做什麼　38

六：鐵的紀律　愛的教育　44

七：兒子聽老子　不是老子聽兒子　51

八：服從眞權威　打倒假民主　57

九：愼用讚美、獎勵、同情　62

十：不必爲孩子背十字架　67

十一：孩子需要壓力　75

十二：不要給孩子太多　81

貳：魔鬼奶爸基本教練（附實用手冊） 87
一：生活自理 88
二：日常禮貌 95
三：分擔家事 104
四：孩子的房間 112
五：聽話的藝術 122
六：朋友相處 131
七：遊戲與玩具 140
八：電視、電腦、電動、上網 151
九：課業表現 163
十：學習態度與讀書習慣 171
十一：課外活動 180
十二：孩子的零用錢 188
參：魔鬼奶爸教戰總則 199

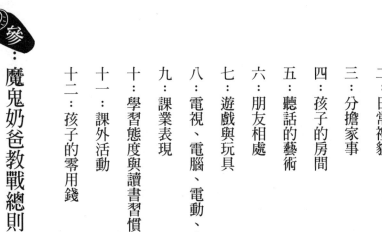

〈魔鬼奶爸 序〉

起來，不願意做孩子奴隸的父母

我不喜歡當兵。當兵時雖不致逃兵，但天天等退伍。放假時和女友約會絕口不提軍中的事。不是怕洩露國家機密，也不是怕自己會變成尹清楓，而是難得放假約會，不願將時間浪費在無聊的事上。退伍後和朋友酒酣耳熱之際也絕口不提當兵的英勇事蹟，因爲眞沒有什麼不經過誇大而稱得上英勇的事蹟。

但當我做了爸爸之後，我愈來愈懷念當兵。這當然不是我頭殼壞去想要再入伍，最好連後備軍人點閱召集都把我忘了，我是眞想用當兵時部隊管教我的那套「混帳」辦法，管教孩子。

當曾經是無邪的「天使」，一眠大一寸成爲磨人的「魔鬼」後，我覺得非用自己當兵時，魔鬼班長修理我的那些特別招術來對付我的孩子不可。

當我孩子桀驁不馴，對我的話充耳不聞，家庭領導中心土崩瓦解無從鞏固時，我誓以至誠堅決相信：愛的教育一定要搭配鐵的紀律，就像漢堡一定要配薯條、牛肉餡餅一定要配小米粥一樣。

我的孩子和當兵時的我還眞像，給他方便他就隨便，對他客氣他當福氣，一點都不自愛。所以我認爲對待孩子就要像長官對待當兵時的我：合理的要求是訓練，不合理的要求是磨練。

軍人以服從爲天職，軍人沒有自由。同樣的孩子也該以服從爲天職，孩子也沒有自由。我可不是專制封建守舊的老頑固，也不是是老來得子，我不過才四十歲，我的孩子已經十二歲了。我的魔鬼奶爸思想與年齡無關，卻與我的慧根有關，我是在閱讀許多兒童教育書籍，並將其中部份加以實踐之後頓悟出來的。許多被孩子奴役得不成人形的父母未必能頓悟。

我曾經被花俏的幼教理論，搞得頭昏腦脹。兒童教育、兒童心理專家的胡言亂語，取代了我爲人父母的基本常識。

我尊重孩子、聆聽孩子，對孩子民主，凡事盡量講溝通。我的家庭理所當然以孩子爲中心，對孩子有求必應，我和太太的權力、福利都靠邊站。然後不知怎麼的，我的孩子變得自私自利、自以爲是、嬌生慣養、缺乏禮貌、難以控制。

愈尊重孩子，孩子就愈不尊重父母。

家庭愈民主，孩子就愈獨裁。

父母愈不使用權威，孩子就愈難控制。

我從來沒有因爲民主政治的缺乏效率、反智媚俗，就懷念天縱英明的獨裁者，懷疑最公平、穩定、人道的民主政治的正確性。但是當我對孩子實施了家庭民主之後，我深刻體會家庭根本就不適合民主。

以下是我的兩點理由：

一、民主政治的基礎在於人民有選舉權。通常是年滿十八至二十歲（各國不同）的國民才有選舉權，才有權利行使民主，之前是沒有的。家庭裡二歲、四歲或是十歲的孩子，憑什麼行使民主？

二、民主在家庭中的具體表現形式是家庭會議。如果說家庭會議是家庭成員共同決定一家的事情，班會就是同班同學共同決定一班的事情。兩者感覺都很民主。問題是，班會是由年齡、知識、經驗、立場（不是政治或黨派立場，而是不同於校方、師方的學生立場）都大致相仿的人所召開，所以每一個成員擁有同等的發言權、決定權是理所當然的。

而家庭會議的情況可不太一樣，成員有可能有四人：三十七歲大學畢業現任公司課長的父親、三十五歲大學畢業現任公司執行秘書的母親，八歲小學二年級的兒子，五歲幼稚園大班的女兒。讓這四個年齡、知識、經驗差異極大的人擁有同等的發言權、決定權，合理嗎？將發言權、決定權強迫要求缺乏知識、經驗的孩子行使，這到底是尊重孩子，還是侵害孩子。

我不能想像，可能會有民主的家庭會議，通過以下的決議：

「孩子每天做功課的時間由一小時增爲兩小時；看電視的時間由一小時減爲半小時。」

「由爸爸洗的碗，改由孩子洗。」

「因應經濟不景氣，即日起孩子的零用錢由一天十元減爲五元。」

如果你的孩子舉雙手贊成通過這種決議，我建議你二話不說趕快膜拜他，再順便問他明牌，因爲他已經不是人了，是神。

好逸惡勞、自私自利才是人性。

父母的知識、經驗均超過孩子，有權利也有義務爲孩子做決定。放棄自己的部份權利，邀請未成年的孩子共同做決定，或是完全尊重甚至是聽從孩子的決定，就是部份或全部的未盡爲人父母的義務，講白一點，就是失職。

有自信、有擔當、負責任的父母，對孩子實施的不該是民主，應該是開明專制。也就是父母以慈愛爲基礎，以孩子順利成長脫離自己爲目標，以理性開明爲教育孩子的態度，以專制的立場爲孩子做決定，並要求孩子負責任、守紀律。

「專制」這兩個字看起來或許很刺眼，容易讓人與「獨裁」、「暴政」、「納粹」、「法西斯」產生聯想。其實，開明專制的父母只是在以溫柔的聲音、溫和的態度、堅定的立場，執行眞正對孩子有利的決定。

開明專制的父母在孩子還小時，暫時剝奪他們的決定權，然後在孩子慢慢長大時，逐漸將決定權交付給他們，當孩子成年或是自立門戶時，將決定權完全交付給他們，不論他們是否願意接受。

除了以民主方式對待孩子之外，許多父母還有不少誤解與謬論，這些誤解與謬論使養育子女變得高度辛苦。

只要是稍微有心一點的父母，莫不都希望能給孩子一個快樂的童年。因爲他們知道成人的世界是很辛苦的，有時甚至感慨，人生能眞正快樂的時候只有童年。我比這些父母更有心一點，我不僅希望能給孩子一個快樂的童年，而且還希望能給孩子快樂的一生。

我認爲，快樂的童年不保證能帶來快樂的一生；快樂的童年有時可能會帶來痛苦的一生。我瞭解成人的世界是很辛苦的，但同時也存在歡喜。成人辛苦的努力，歡喜的收穫，這就是人生。

我對孩子的指導，或要求或協助或給予，目的都在幫助他同時能擁有快樂的童年與快樂的一生，如果一種指導或要求或協助或給予，只能幫助他擁有快樂的童年，不能幫助他擁有快樂的一生，我就會住手，不論我的住手會引起孩子當時多大的不快樂。就算沒有想到孩子的一生能不能快樂的問題，有心要提供孩子快樂童年的父母，也未必眞正給了孩子快樂的童年，相反的，他們的孩子還可能比較不快樂呢。這些父母認爲，孩子快樂的童年一定不可以缺乏讚美、鼓勵、關注、保護、照顧、營養、玩具，而且是多多益善。這些父母認爲，只要把自己童年時想要而得不到或是不夠多的給孩子，就能給孩子一個快樂的童年。

其實不然，過度的讚美、鼓勵、關注只會使孩子自大，過度的保護、照顧只會使孩子無能，過多的營養會造成肥胖，過多的玩具會使孩子無聊，因爲他不知道該玩那一樣好。

許多父母都有一種誤解，不聰明的孩子不頑皮，笨的孩子比較老實，因爲他們缺乏足夠的聰明來支持頑皮。換言之，自己的頑皮孩子是聰明的，既然是聰明的，頑皮一點又何妨。所以每當向別人提起自己那個頑皮的孩子時，總是語帶驕傲地埋怨說：「這個孩子就是太皮了，名堂多得不得了，眞是罩不住他。」

我承認，只要不是純耍寶、扮小丑的頑皮孩子，確實有一些小聰明，但是這並不是說，聰明的孩子就必然該頑皮，聰明而不頑皮不是更好嗎？聰明而不頑皮的孩子也大有人在。

還有一些父母認爲，要求孩子聽話，就是抹殺了他們的個性、自尊、自信，這種觀點也很耐人尋味，不要求孩子聽話，就能塑造他們的個性、培養他們的自尊、自信嗎？請問，不聽話的孩子，如何能安靜下來塑造自己的個性，不聽話的孩子如何能贏得別人的尊重，又如何能獲得自尊。不聽話的孩子，能有良好的學習成長嗎？如果不能，自信又從何而來？不少父母認爲保護孩子是父母的天職，不能讓孩子受到委曲、挫折。當孩子出現錯誤行爲時，負責的卻是父母，除了生氣、擔心、失望、慚愧外，還要與老師溝通，向同學家長道歉。

我們如果工作不力，可能會被炒魷魚；我們如果違規停車，可能會被拖吊；我們如果犯法，可能會坐牢。因爲我們是成人，所以我們必須爲自己的錯誤行爲負責，而我們的孩子長大之後也必須爲他們的行爲負責。

但現在呢？做錯事的是孩子，負責的卻是父母，孩子當然不在乎做錯事。當孩子做錯事時，父母應該要求孩子自己去處理、善後，像是向老師認錯，向同學道歉。如此才能讓孩子感受到難過、痛苦。如此才可以減少他繼續犯錯，也可以讓他知道必須爲自己的行爲負責，如此才能幫助他成長。

我朋友的太太帶著兒子來舍下小住，可讓我開了眼界，他兒子八歲了，還要媽媽「侍寢、侍浴、侍廁」。侍寢、侍浴有點離譜，但還不算太過頭，侍廁就堪稱一絕了。這位小少爺上廁所時，媽媽要等在門口寸步不離，他老大方便完了在裡面一喊，媽媽立即推門進去拿衛生紙幫他擦屁股。

這個孩子正要升小學三年級。

我目睹這荒唐的景象，想起電影〈末代皇帝〉的一場戲，幼兒溥儀大完便滿宮殿跑，後面跟著手捧草紙高舉過頭，誠惶誠恐連呼「萬歲」的太監。

我太太私下問這位媽媽：「你兒子不會自己擦屁股，那他在學校要大便的話，怎麼辦呢？」

這位媽媽很有信心的說：「他從來不在學校大便，一定會忍回家。」

這個孩子總有一天要自己擦屁股吧。否則他當兵入伍怎麼辦？結婚了怎麼辦？在有自動擦屁股機的情況下，孩子不會有學習自己擦屁股的動機，更不可能在某年某月的某一天，突然從廁所傳來他的聲音：「我會擦屁股了。」

已經滿八歲的孩子，已經上了兩年小學，會玩玩具，會打電動，怎麼可能學不會自己擦屁股？唯一的解釋就是，他的父母沒有堅持教導並要求他自己擦屁股。這個孩子在我家住的時間長到讓我終於忍不住對他媽媽明講。對一位媽媽說她的孩子的不良行爲，實在是一件很殘忍的事，但是我和這位媽媽彼此都認爲對方是朋友，這給了我一些勇氣，加上這個孩子給我怒氣，夠支持我開口了。

我說：「依我的觀察，你不是你兒子的母親，你是你兒子的奴隸。嚴格說，連奴隸都夠不上，應該要說是次奴隸，也就是比奴隸還低一等。」

「身爲奴隸，在伺候主人之餘，主人起碼還會給他惡劣的飲食，你的情況卻是像奴隸一樣伺候兒子，卻要提供孩子精美的飲食，豈不是連奴隸都不如，比奴隸還低一等。」我的這番話，眞的很惡毒，說出口，我自己都嚇了一跳。這位媽媽的涵養還眞好，沒當下就跟我翻臉。藥下得重，還挺管用。隔了兩個月，我去他們家，那個孩子德性好了不少。倒是她先生私下向我訴苦：「我太太從你們家回來，就一直罵我管教孩子沒有原則。」

可見只要父母口徑一致，瞄準孩子，奴隸也可能翻身的。

魔鬼奶爸思想教育

一：教育孩子，老爸責無旁貸

我的一位加拿大友人約瑟夫，是我所遇見過最盡職的父親。他花了難以計數寶貴的休閒時間給孩子，因此他的三個兒子教養良好，行爲端正。

約瑟夫在銀行上班，作息非常規律。下班後，他則全力協助妻子瑪莉安做家事，以及照料子女——三個男孩，還有兩個認養的幼兒（他們的父母遭政府判定沒有照顧孩子的能力與權利，由政府爲他們洽妥約瑟夫家爲寄養家庭），分別是五歲的男孩，五個月大的女嬰。

新超級奶爸　兒子好榜樣

他可以一手抱著嬰兒，一手拿奶瓶餵她吃奶，並且談笑自若地與我聊天，不時還要去廚房幫妻子切火雞，或泡咖啡。

約瑟夫的三個兒子，分別就讀大學、高中、初中，也都有乃父之風，他們都要分擔所有家務——而家務不僅止於吸塵、收拾自己的房間，也包括照料家中幼兒，餵奶、換尿布，以及陪他們講故事、玩遊戲等等。

在約瑟夫家看到他家的男孩子們（留著染色上髮膠造型超炫髮型）抱著嬰兒，到門口來迎接客人，或是忙進忙出的景象，令我既驚訝又印象深刻。

在北美地區，青少年被稱爲是最可怕的年齡層，用咱們老中的話形容就是「鬼見愁」，他們出言不遜、叛逆、囂張、造型驚世駭俗、行爲旁若無人，令人見了就怕、就嫌。但是約瑟夫家的男孩，卻都沒有這些毛病。

約瑟夫全家人一起活動的時間、項目非常多，他們一起滑雪、看電影、打保齡球、洗三溫暖（SPA）、騎自行車（你能想像一家七口騎自行車的盛況嗎？一家人一人一輛，兩個幼兒坐在專用拖車上，由父母拖著。要搬運五輛自行車與兩輛兒童拖車也是工程浩大，一般汽車的自行車架，最多只有三輛的容量，所以他們索興用汽車拖車，將所有的自行車、兒童拖車全部放在拖車貨倉內），至於渡假時間，也必然是全家人的集體活動，一九九九年夏天，他們全家還去歐洲自助旅行整整兩個月。

無疑地，約瑟夫教養子女十分成功，在我的字典中，約瑟夫是完美的奶爸。他不只爲人誠實正直，對子女也是身教、言教並重。我看到他在家與子女相處的互動，並非只有風趣、幽默、輕鬆的一面，也有嚴肅（不是嚴厲、嚴苛）的時候，當子女言行有偏差時，他必定立刻訓誡勸止，口氣雖然溫和，音量也不高，但是態度非常堅定。

事實上，他的孩子們願意在家裡做家事、帶小孩，都是約瑟夫訂下的規矩（天下沒有小孩會自動做家事的，你的孩子不會自動做家事是天經地義，這顯示他是正常的小孩）。

許多的現代家庭，仍然將養育孩子視爲家事的一部份，所以理所當然被劃分爲是母親的事。許多父母也認爲，在養育孩子的過程中，母親比父親重要。

這種觀念，讓母親實際所負的養育責任，超過她們應負的責任。

若不帶孩子　就像局外人

如此一來，使父親自覺面對孩子手足無措，像個局外人（如果父親在觀念上認爲養育孩子是父親的義務也是權利，就能自然的面對孩子了）；有的父親開心的奉行這種觀念，做爲逃避盡父親責任的藉口。像這種情形，使不少母親雖然和先生住在一起，對孩子的付出卻與單身母親毫無二致。

這種觀念的形成，想必是源自於母親才有哺乳的生理機能，所以母親是孩子在嬰兒及幼年期的主要養育者。這種觀念，眞的可以調整了。

現在親自授乳的母親已經愈來愈少，如果是用奶瓶餵奶，那麼持奶瓶的手是母親的或是父親的，差別就不大，而餵奶更是奠定早期親子情感互動的基礎；何況根據許多研究顯示，嬰兒時期得自外界的刺激愈多，智力的發展也會愈迅速，而餵奶時，如果能一面抱著嬰兒，一面與嬰兒進行情意交流，對嬰兒也是一個成長的機會。而嬰兒能得到父親的刺激，比只有媽媽的刺激絕對要好。

有奶便是娘　無奶也是爹

學齡前兒童的父親，如果能多投入教養的工作，孩子會較爲活潑、適應力強。還有研究顯示，有父親參與教養的孩子，在學校的表現會比較好，較合群，也較有自尊、自信心。

其實，父親的角色對於不同階段成長中的孩子，均扮演著十分重要的角色。兒童教育學家及心理學家均認爲，孩子們依循著他們的生物本質，男孩必須依賴父親、女孩則必須依賴母親來認識自我。透過同性別的父母親的角色，來認識自我，這是生物學上顛撲不破的眞理，也是很容易明白的事實，然而很多現代家庭的父母卻忽略了其重要性，尤其是如今在大多數的家庭中，母親的功能有愈來愈強的趨勢，父親的功能則日趨衰微。

有教育學家認爲，母性的照顧是由生物學上的需要而決定的，沒有母親就會危及到嬰兒的生理健康，威脅到他的生存；至於父親的功能則由文化決定的成分居多，有些社會中，父親只是有名無實的一家之主，他的角色和地位往往是界限不明，而且是不確定的。

父親常缺席　親情難維繫

尤其在近代社會，父親是爲了賺錢而在家庭缺席的人。他一早出門，天黑才回家，回到家又已經疲倦地不能與子女多相處，到了週末假日，他不是去打高爾夫球，就是看電視，孩子很難有機會跟他進行有意義的活動或對話。

父親的角色在家庭中缺席的情形，在競爭激烈的台灣社會中更是十分普遍，甚至，連母親都缺席的情況也愈來愈習以爲常了，因爲女人也要出門去爲事業而打拚了。然而，即使母親是職業婦女，她們卻不能像男人一樣，把養育子女的任務推得一乾二淨，事實上，大多數的職業婦女都得要內外兼顧，所以，母親還是家庭的主宰。

據我的觀察，母親單獨負擔教養孩子的工作，其實對母親是一項嚴苛到不公平程度的任務。單獨面對孩子，很容易患得患失，很容易過度計較孩子與自己的表現，當孩子或自己的表現不如人意時，很容易陷入憂鬱、沮喪、挫折而無法自拔。

同樣的，父親單獨面對孩子，也很容易陷入這種悲觀的狀態，這就是爲什麼單親父母比較辛苦的原因，教養孩子的工作由父母一起承擔是最理想的，雖然單親父母一樣可以獨力養好孩子。

家有「兩母」 隱伏大危機

也有教育學家認爲，儘管有些男人喜歡帶孩子，甚至辭去工作，在家做專職奶爸，徹底捲入母性的工作中，但是其中卻隱伏了一個危機，就是在家庭裏，出現了的是「兩個母親」，而不是一個父親和一個母親。

怎樣避免家庭中出現「兩個母親」的危機呢？這裡指的並不是做父親的不可以辭去工作，在家帶孩子，而是父親在家工作時，仍然要扮演著父系社會中的父性角色。

至於什麼又是「父性角色」？簡單地說，就是傳統的父親形象：他是一個家庭的保護者，也是一個家庭規矩的塑造者。

有兒童心理學家指出，母親所代表的是愛和同情，父親所代表的是管教和品德，孩子——尤其是男孩子的良知，全是受父親的誘導而得，也就是說，存在於孩子內心中的父親形象警告他要抵抗誘惑，責備他們所犯的過失，所以父親的作用等於是家庭和世界的橋樑。

父母需同心　聯合一陣線

其實，像這種傳統父性角色的塑造，在今天父親經常缺席、而以母親主導的家庭中，仍然被任意地使用著。例如許多家庭中，父親被塑造成扮黑臉的角色，當孩子的行爲惡劣到媽媽無計可施的時候，媽媽往往會用「等一下爸爸回來，告訴你爸爸」做爲最後的武器。而當爸爸知道了孩子的敗行劣跡之後，再把孩子叫來大罵，或是打一頓。當然，也可能是事過境遷，媽媽忘了向爸爸告狀，或是告狀的強度減弱，或是爸爸心情很好而將處罰減輕，或是爸爸心情不好將處罰加重。

總之，孩子的惡劣行爲與處罰與否及輕重之間，存在太多與孩子無關的變數，無法讓孩子建立起犯錯必定受罰的觀念；其次，這會讓孩子認爲，媽媽只會罵人，爸爸才會打人；媽媽可以試探、挑戰，但不可以惹爸爸。久而久之，孩子就會對爸爸敬鬼神而遠之，爸爸贏得了權威，卻失去了與孩子的親密關係，這對孩子與爸爸都是不公平的。

孩子犯錯時，爸爸在場，就由爸爸處罰；媽媽在場，就由媽媽處罰。父母都在場，一人處罰，另一人表現出支持的態度。如果孩子犯的錯誤複雜或嚴重，則父母的一方不妨先與另一方商量後，再決定如何處罰。此時，只要先告訴孩子：「我要先告訴你爸爸（媽媽）這件事，我們要討論之後再給你處罰。」如此可以讓孩子知道父母永遠是聯合陣線的。

二：不要被孩子的愛所威脅

中國的傳統家庭都主張嚴父慈母，現代的家庭愈來愈少有嚴父慈母，慈父慈母則是愈來愈多，甚至許多的父母已經淪爲奴父婢母，也就是「孝子孝女（孝順子女）」。

我太太的一位未婚密友有一天去算命，算命先生告訴她：「你的命很好啊，大貴喲，一生不缺奴婢侍候。」她聽了雖然感到有些疑惑，但倒也很愉快。回到家告訴了父母算命內容，還埋怨說：「算的不是很準嘛，我幾時來的奴婢？」不料她父親卻說：「哪裡沒有，我們不就是你的奴婢嗎？我是奴，你媽是婢，侍候你都三十幾年了，看來還得侍候下去呢！」太太的密友住在家裡，吃住少不了父母的打理，雖然說她也很孝順，不會對父母頤指氣使，不過父母的玩笑話倒也有幾分眞實。

父奴與母婢　栽培小霸王

孝子孝女型的父母在現代社會中比比皆是，這不單是台灣特有的現象，在富裕的美國、對岸的中國大陸，也處處有一大堆對子女有求必應（甚至是無求而自動應），甘心做子女奴婢的父母親。

我的這種說法絕對不是危言聳聽，當代美國一位備受推崇的兒童教育學家海穆・基・吉諾特（Haim G. Ginott），在他所寫的一本書Between Parents and Child

中，就提到現代有許多父母是被他們像霸王型的孩子所控制，變成焦急的僕人（這些父母可能會很羨慕他們的同行——歐洲貴族城堡中的管家，穿著長長的燕尾服，口中說著優雅的詞藻，可惜他們小霸王型的主子，缺乏那一份優雅的氣質，使他們只能像電影〈末代皇帝〉中伺候小皇帝如廁的太監一樣）。

任職美國紐約大學的吉諾特教授，曾經花了十五年工夫，跟父母和孩子們個別訪談，所以有許多可貴的調查資料。爲什麼這一代的父母會淪爲子女的奴僕呢？吉諾特提出的答案很簡單，一言以蔽之，就是怕失去孩子的愛。爲了怕失去孩子的愛，他們就不敢拒絕孩子對任何事情——甚至於包括家務在內的要求。而孩子們感到父母對愛的饑渴，就會毫不留情地加以利用（正如同當戀愛中的女性感到男性對愛的饑渴，就會毫不留情地加以利用，使男性陷於不利的位置）。

若太在乎愛　就淪爲弱者

把愛成天掛在嘴上，是現代西洋人，尤其是美國人的生活習慣。在咱們保守的中國社會中，也逐漸受到影響，尤其是當我們在面對年幼的孩子時，一聲聲「我愛你」地叫個不停，說的次數比對自己的另一半要多很多。

很多現代父母又堅信對子女的愛要勇於表達，因此常常不分時間、場合，整天愛字不離口，卻忽略了愛也是最強的情感工具，使用不當的結果，往往會有反效果。最大的壞處之一，就是讓孩子有恃無恐，特別是讓孩子以爲如果父母很愛他，就必須爲他做一切的事，答應他的所有要求（正如同女性或男性對戀人說「如果你愛我，你就應該……否則就是不夠愛我一樣」大人的撒嬌耍賴或許還有自知的限度，孩子的撒嬌耍賴則不然）。

如果孩子養成了這種惡習，甚至會變本加厲，用回收愛的方式來威脅父母。依據吉諾特的觀察指出，孩子勒索的手段很直爽：「我不愛你，要是你不……」而悲劇的造成並不在孩子的威脅，而是出之於父母感受到了威脅。有些父母對於孩子所說的話眞會受到影響：他們會哭，會哀求孩子繼續愛他們，他們試著以更多的許諾來安撫孩子。

感情與管教　兩者須分開

吉諾特教授所描述的這一幕現代倫理哭鬧劇，在我自己家中就曾經上演過。我那「戀子情深」的太座，就曾經因爲孩子說「不愛她」，而幾乎傷心欲絕，只差沒有痛哭流涕。如果不是我及時曉以大義，她可能就會對孩子予取予求。

相信許多父母都能體會「夫妻床頭打床尾和」、「夫妻沒有隔宿仇」，也就是說夫妻之間難免有口角，但是在正常的情況下，爭執過後，總還是能和好如初。夫妻之間如此，父母與子女之間也是如此。親子關係不會因爲子女一句不知輕重的「我不愛你」而瓦解的，做父母的只要有這種認識，就不會屈從於子女的愛的要脅。對孩子有感情，這是天經地義的事，但是管教子女則不能感情用事，換句話說，感情與管教行動必須分開。經常對孩子流露愛意，並無可厚非，但是當孩子要以回報父母的愛做爲要脅的話，那麼就萬萬不可以順從，否則最後只有淪爲孩子的奴僕一途。

怎樣判斷孩子是在利用你對他的愛呢？很簡單，每當他說：「如果你不答應，我就不愛你。」這類的話，就是擺明了他在耍賴，明智的父母根本可以不要理睬，並嚴正地回答他，「愛是一回事，答應你做某件事又是另一回事。」當然，做父母的也千萬不可以對孩子說：「如果你不乖，我就不愛你。」這類的話，否則總有自食惡果的一天。

不乖的是孩子的行爲，不是孩子的人。父母所愛的應該是孩子的人，而不是孩子的行爲。

其實，父母因爲太愛孩子，被孩子牽著鼻子走，終其一生吃盡苦頭的故事，不單單是太勇於表達愛的現代父母常犯的毛病，上一代的父母，甚至更早以前，這類故事就一直不斷在上演。

家庭的原諒　永遠無止盡

被喻爲加拿大當代偉大小說家之一的愛麗絲•孟諾（Alice Munro），在她的一篇名爲「家庭中的原諒」（Forgiveness in Families）就是在描述這種家庭悲喜劇。故事以反諷的語調由家庭中的一分子，一個奮發向上的姐姐來敘述。她的弟弟是如何地一再利用母親的愛，從高中輟學、無所事事、一再不安於工作，後來乾脆都不工作，回家吃老媽的老本，他甚至又與他的一班嬉皮朋友鬼混，加入奇怪教派等等。而他們的母親，卻始終無怨無悔地愛這個行徑奇異的兒子，並且一直對他抱著希望，一直爲他的不成功找藉口。到最後，她因爲聽任他的話，就採取吃素、斷食等激烈手法，結果差一點斷送了她的老命。

我在閱讀這篇小說時，心頭感慨萬千，因爲身邊就看到不少這類眞實例子——不肖子，以及一個傷透了心，卻又從不死心的慈母。

這篇小說英文名中的「FORGIVENESS」，其實是一個隱喻，其原意是指原諒，但是把它拆開爲「FOR GIVENESS」，就是指付出，也就是說家庭對子女的付出是無止盡的，而且這種付出，往往是給予最需要的孩子身上(To give the one who needs most)。因此，這篇小說的敘述者，也就是主人翁的姐姐，對於母親對弟弟的溺愛十分不以爲然，因此她的敘述口吻是譏諷的，以及心懷怨懟。

我很贊成現代西方人所主張的，養育子女的最終目的是要教導他們及早獨立自主，子女愈早能獨立，就是父母教育的成功。可惜在我們東方人的社會中，卻無法這麼豁達，其實與西方人比較起來，中國人由於受到傳統孝道思想及家族觀念的強烈影響，做父母的很不情願見到子女獨立。於是他們會在物質上或情感上來束縛子女，即使當他們都已經長大成年了也不例外。

在我們的社會裏，我們不難聽到有些做父母的，惡狠狠地斥責子女說：「你翅膀長硬了，想飛啦！」當父母在說這類的話時，通常心情是十分悲憤。其實有些做子女的，因爲父母的過度羈絆及過度保護，反而不快樂，有些則終其一生都無法脫離父母的陰影，不只覺得不幸福，而且永遠長不大。

他翅膀長硬　就快放他飛

父母眞正的義務，其實在於早點讓子女的翅膀長硬，如此才能飛得愈高愈遠。

我也贊成現代西方人的另一個主張，就是做父母的對子女有養育的義務，但是卻不必要求從子女身上獲得回饋——無論是有形的，或是無形的。

給子女一片自由自在的天空，讓他們必須向父母回饋的部分，用在對待他們自己的子女身上。而唯有能養育出一個身心成熟、人格健全的子女，就是做父母的所能獲得最大的回報，而這不止是做子女的福氣，也是社會的福音。

也唯有做父母的能夠不要求子女的回饋，不要再抱著「養兒防老」的觀念，才能夠免於被子女要脅的恐懼，當子女長大成人，就要勇敢地放他們遠走高飛。當他們還想賴在家裡不走——特別是打算繼續吃你的老本、接受你的侍候時——一定要大膽的告訴他：「門都沒有！」

三：培養孩子單兵作戰的能力

這一代做父母的，對於子女的照顧常過於無微不至，唯恐子女吃的不夠、穿的不暖，日常生活的大小雜務都爲他們一手包辦，結果反而造就生活低能兒。

在台灣，又因爲升學主義觀念作祟，小孩被鼓勵成只要會讀書、升學就好，其他一切事情都可以有豁免權，結果造就出一個個讀書至上、生活白痴的新生代，而不少做父母的對於這種現象還沾沾自喜呢！

讀書至上　生活白痴

在我看來，認爲子女只要會讀書、其他事一概不用會的父母根本是自討苦吃，實在沒什麼好稱賀的。子女如果又會讀書，又會自已料理生活，凡事不用父母操心，才是值得誇耀。

許多西方人認爲，把孩子供養到高中畢業，就已經仁盡義至，功德圓滿了。此後，他們要繼續升學或就業，都得要自給自足，也就是說，不但其一切行爲要自行負責，經濟上也要自力更生。

如果能貫徹這種觀念，那麼，我們這一代做父母親的，至少可以減少奮鬥二十年——不只是四年而已——因爲不必付子女大學學費及生活費，不必爲他們買車子、買房子，更不必準備死後留一筆豐厚的遺產給他們。

難怪西洋人在子女還小的時候，捨得花很多錢到處去渡假遊玩，所以大人自己可以享受豐富的生命，而且也陪孩子渡過一個快樂的童年。

反觀我們台灣人，一想要養育子女，就看得很長遠，長遠到抱定主意要爲子女鞠躬盡瘁，死而後已，因此在子女還很年幼時，就宿夜匪懈，努力賺錢，卻因此沒有時間陪伴子女——連花錢陪他們玩的時間都沒有——因而錯過了親子相處的黃金歲月。

培養子女 脫離依賴

我認爲養育子女的最終目的，是在於幫助孩子脫離對父母的依賴，獨立自主，而且其獨立自主的時間是愈早愈好。

希望孩子早日自行獨立，並不是說時間到了，就要他們捲起鋪蓋走路，而必須及早加以訓練。我認爲訓練孩子獨立至少包括三個階段，也就是從自行照顧自己的生活，到精神獨立及經濟的獨立：

一、生活的獨立：妥善料理自己身邊的事務。包括：自己起床、疊被、穿衣、刷牙、洗臉、洗澡、吃飯、繫鞋帶、排洩，以及協助做家事，諸如清潔、打掃、洗碗、洗衣、煮飯、燒菜等等。

二、精神的獨立：不依賴、糾纏父母，能控制情緒不亂發脾氣，不無理取鬧。確定自己的生活步調，規劃自己的生活內容，主動而規律的學習。

三、經濟的獨立：從使用零用錢，到養成自己控制預算開支的習慣，當孩子年齡漸增時，能有計劃地自力更生，賺取自己的生活開銷，到最後自己的日常花費完全不再依賴父母。

生活的獨立可以培養精神的獨立，精神的獨立才能獲得經濟的獨立，這三個階段看似各自獨立，其實是息息相關，缺一不可。

生活自理　訓練獨立

教導孩子處理身邊最簡單的生活細節，是訓練孩子獨立生活的基礎，做父母的千萬不可加以忽略，以爲孩子做不好這些小事，不必在意，或是自己順手就替他們做好。父母過度的照顧與保護，反而會阻礙孩子的學習成長。

孩子在不同年紀時，會發展出不同的能力，像基本照料生活的能力，包括起床、疊被、洗手、洗澡、穿衣、更衣等等，在孩子上小學之前，就應該已經可以發展完備良好，端視父母是否用心教導——或更正確的說，端視父母是否安心放手讓他們自己動手。

切記，父母不要爲孩子做的太多、太好，當孩子幼小時，在做這些日常生活小事，難免笨拙且緩慢，但是父母必須有耐心，一步步教孩子把事情做好，但是千萬就是不要親手替孩子做。

當孩子比較大了，例如上小學以後，尤其大約到了中、高年級，就應該訓練他們分擔家務工作。

分擔家務　人人有責

在我的奶爸經驗裏，孩子做家事的能力是非常驚人的，往往還會讓人跌破眼鏡，我就認識一位才小學一年級的小男生，他會自己煮飯、洗衣服、洗碗，一點都不輸五、六年級的大女生。要孩子分擔家務是讓孩子獨立自主非常重要的一環，而且可以培養他們的責任感與榮譽心，因爲他們是家庭的一份子，而家庭的整潔美觀是要靠家庭的每一個成員共同來維持的，而絕對不是只是父母親，尤其是母親的工作。

中國舊有社會中，普遍流傳一個想法：「訓練女兒做好家事，才能使她成爲一個賢妻良母。」這是一個很好的觀念，可惜在今日社會中，這種觀念卻被認爲是落伍的象徵，其實這眞是大錯特錯，因爲捨不得訓練孩子做家事，將來不僅害了他／她，也會害了他們將來的另一半。因此，我還要再加上一句話：「好好訓練你的兒子做家事，算是在爲你未來的媳婦培養一個好丈夫。」

即使是男孩子，照樣也要做所有家事，並不是男孩子就有豁免權。關於這一點，做父親的人負有特別責任，如果身爲父親者在家不肯協助妻子分擔家務，卻要求孩子做家事，效果一定適得其反，孩子一定是陽奉陰違的。

奶爸帶頭　分擔家務

我就有一位表親，由於他自己本身是十足的大男人主義，奉行君子遠庖廚的教條，在家更是茶來伸手、飯來張口，絕不輕易自己動手。怪的是，他偏偏要他的三個兒子做家事，其說辭是在於「減輕孩子母親的辛勞」。他又訂下許多嚴格的規定，命令兒子們必須做各種家事，否則將接受各種不同處罰。

結果成效如何？讀者不必問即可知道答案。他的三個兒子在做家事時，要不是草率、敷衍了事，就是心不平、氣不和地做得很不開心，兄弟之間更是常常爲了誰做多、做少而爭吵不休。

問題到底出在哪裡？很簡單，做父親的人沒有以身作則，卻一味的要求孩子遵從自己做不到的事，難怪他們做的不好。

訓練孩子精神的獨立，是培養孩子健全人格的重要基礎，也在爲他日自力更生生活做準備。

讓孩子睡自己的房間、自己的床，能幫助孩子認識自己是獨立的個體，這是讓孩子從訓練生活的獨立跨越到精神獨立的一個橋樑。透過孩子對自己的房間享有的部分自治權，更能培養孩子自主與自立的精神。更重要的是，孩子睡一間，父母睡一間，孩子才會知道婚姻是單獨存在於家庭中的，而不是與孩子混合在一起。

父母孩子分房而睡

同時，分房而睡，父母與孩子才可能有各自不同的就寢時間。對於許多父母來說，一天中最幸福的時間，就是孩子已經睡了，而自己與配偶還沒有睡的那短短兩個小時。

父母必須要求子女尊重自己有獨處的時間，不論是父母在一起，或是父親或母親有個人的時間，當父母親在享受他們獨處的時間時，子女必須安靜下來，最好他們可以待在自己的房間，不論讀書、玩玩具都可以，就是不可以吵鬧，以及「湊熱鬧」。

同樣地，父母也必須尊重孩子獨處的時間，當他們正在安靜享受他們自己的時間時，父母不要任意打擾、中斷，或命令他們去做其他不相干的事。當他們單獨在自己的房間時，父母在進入之前，必須先敲門詢問後，才能進入。

尊重家庭成員各有不同的獨處時間，就是訓練孩子精神獨立的一種步驟。如此才能讓孩子養成不隨時隨地糾纏父母，進而控制自我情緒，不無理取鬧、不亂發脾氣。每個孩子需要獨處的時間多少，因人而異，但是可以確定的是，隨著孩子年齡的增加，其所需要獨處的時間必須增加。我認爲學齡前的孩子，可以由每天半小時起，慢慢地增加他的獨處時間，到了小學中、高年級，其獨處時間可以增加爲每天二至三小時都無妨。

給零用金　經濟獨立

經濟的獨立是東方人的小孩做的最不好的一環，主要仍然在於老觀念作祟，也就是說，東方人的父母太傾向於爲子女多存錢。到今天，爲孩子買車、買房子的父母仍然很多，其實這大可不必，只會苦了自己，有時還害了孩子，因爲他們誤以爲錢來的容易，反而不知珍惜。

從小就讓孩子有負責保管、使用零用錢的機會，是培養孩子經濟獨立的起源。孩子在上學之後，就可以開始有小額零用錢，當他們有紅包、壓歲錢等大筆金錢時，父母甚至可以爲他們在銀行開戶，但是要使用到戶頭的錢時，必須與父母討論。

當孩子能夠分擔家務時，爲了鼓勵他們對家庭的分工行爲，也可以給予額外的零用金；至於他們能夠打工賺點小錢，例如送社區報紙、洗車，以及到速食店兼差等，只要在不影響其正常作息的情形下，都值得鼓勵，這些就是要爲他們自力更生打基礎。無論家境如何富裕的家庭，都不要讓孩子養成伸手要錢，並且是很輕易就獲得大筆金錢或禮物的習慣，否則會造成他們不易珍惜物資，甚至揮霍浪費的習性，更糟的是，養成依賴父母的習性。

四：望子成龍？省省吧！

我兒子在二歲多時，有一天攝影家謝春德來我家拜訪，當時他第一次看到我兒子時，驚爲天人，並讚嘆地表示，他台灣從北到南走透透，中國大陸各省也跑遍了，卻從來沒有看到一個小孩的臉長得「這麼中國」。

富有中國情懷的謝春德，當時跟我說他曾經收集到價值不菲的中國骨董「龍袍」、「龍椅」，如果讓我兒子穿戴再拍攝成藝術作品，一定很珍貴；他希望，以後如果有機會拍攝這類作品，他將要「借用」我兒子，做他的模特兒。

穿上小龍袍　扮眞命天子

當時我只把它當做玩笑話，並未置可否。沒想到，過了不久，謝春德接了一個房地產的平面廣告，而且他果然找到我家裏來，重提借用我兒子的舊事，因爲他所要創作的主題就稱做「望子成龍」，內容是由一對穿著古裝的男女（飾演父母），雙手抬著端坐在龍椅上、穿著龍袍的「龍子」，以象徵現代人「望子成龍」的心情。

我兒子終於穿上龍袍、端坐在龍椅上，在蘆洲鄉的一個拍片地點，粉墨登場，被一對化妝成他父母的青年男女抬了一整天，拍出一系列的廣告照片。當天，我這個做「星爸」的，也在拍片地點忙進忙出，自己也拿著傻瓜相機，對著我的「龍子」猛按快門。

到今天，我對於兒子拍攝「龍子」系列照片仍然津津樂道。我的心情，就像天下任何一個做父母的如出一轍——望子成龍。

但是，相信讀者在看到這段文字時，可能會覺得我實在太臭屁了。這種心情我也完全可以理解，因爲每一回聽到別的父母不厭其煩地在炫耀他們子女時，我也有同樣的心情。

父母的天使　旁人的魔鬼

在父母的眼裡，自己的小孩說有多可愛，就有多可愛，這是做父母親的弱點，而且做父母親的還要把子女的優點放大，缺點隱藏。只要他們有一點點好處，就想像成他們是如何的了不起，將來前程遠大，不可限量，而且這種優點還要逢人就誇，唯恐別人不知道，或是知道得不夠徹底，完全不顧就算眞是優點，也與旁人無關，旁人也根本沒有興趣知道。

至於子女的缺點，不是故意漠視，就是完全看不到。尤其在子女還很年幼的時候，所有的缺點，也通通視之爲優點，這在旁人看來，簡直就是顚倒是非、黑白不分了。

然而隨著孩子漸漸長大，做父母的心知肚明，孩子的缺點慢慢浮現，再也不是可愛的小天使，甚至不光是磨人的小麻煩而已，而是可怕的魔鬼，可是父母總是一再地原諒他們。

我們與孩子雖然每天吃在一起、睡在一起、玩在一起、洗在一起，孩子身上那裡有顆痣，父母都瞭若指掌，但許多父母其實不肯看清孩子的眞面目，不肯給孩子的行爲正確的評價。

孩子長大了　父母心沒變

有些做父母的，對於孩子的印象永遠停留在孩子年幼的時候，永遠純眞無邪，永遠調皮可愛。而當孩子一天天長大，做父母的心態卻一點也沒變，或許是生物學上所謂的「銘記」印象太強烈，以致於孩子其實早已經慢慢變了，他們的純眞已經褪色，眞面目也漸漸浮現，但是做父母的卻不肯面對現實。

父母眼中的孩子，似乎永遠是比其實際年齡爲小的孩子，至於小多少，每個父母都不一樣，視父母的人格成熟度而定。所以父母眼中的孩子，永遠是「小孩子」，也就是有權利犯錯、有權利被原諒、有權利受照顧、有權利不懂事的人。

有一次，我們去兒子的一個同學家作客，他同學的父母都是音樂家，對子女的期望很深。但沒想到這個同學的母親，卻一直在向我們訴苦，內容不外是責怪他的兒子有多壞：好吃懶做、讀書不認眞、做事馬虎、不愛整潔、東西亂丟、天天與妹妹吵架，尤其是不肯好好學音樂，辜負他們一番的教導云云。

我那一向作風雷厲風行、個性耿直的太太，當時竟一反常態地聽她反覆地抱怨個不停，甚至一再婉言相勸，但是這位沈溺在受苦情境中的母親完全聽不進去，後來我太太實在忍不住了，就對她說：「你未免太想不開了，像你兒子的這些毛病，根本很平常，很多小孩都有，我兒子也都有啊！」

鐵不會成鋼　恨也沒有用

沒有想到這位母親竟然回答：「哎呀，你有所不知啊，我是恨鐵不成鋼！」說完，又繼續反覆她對兒子的埋怨。

「恨鐵不成鋼」這句話像個咒語一樣，一直浮現在我的腦海裏，回到家久久都不能消散。

錢包沒錢了，信用卡也可以。

這位學音樂的母親所反映的正是天下父母心，也就是期待子女比別人優秀，成爲人中龍鳳，但是事與願違，當孩子漸漸長大，發現他們實在很平庸，甚至資質比一般的小孩更差，因此就會難堪、羞愧、痛恨。所謂「期望愈高，失望愈大」，正是如此。

也許早一點認清孩子的眞面目，反而是一件好事，這樣總比一些執迷不悟的父母，明明自己的孩子資質平庸，甚至劣根性一籮筐，做父母卻還是死抱著「癩痢頭的兒子，自己的好」的觀念，一再地溺愛、縱容要好。

然而要接受自己孩子只是平凡的小孩，將來不一定是人中龍鳳，甚至是「小時了了，大未必佳」的事實，簡直比登天還難。

我自己就有過切身的體驗。有一次，我太太因爲受夠了兒子的折騰，向我訴說一大堆兒子的壞話時，我當時就覺得太太說的那番話實在很刺耳，就要她往兒子的優點去想，不要盡想些不好的，她很不以爲然，覺得我有袒護兒子之嫌。

孩子不出色　又能怎麼樣

事隔不久，連我自己都因爲與兒子相處的時間太久，發現他的種種缺點，而被他氣不過，那時才想到前些時候對太太說過的話，覺得當時沒有適時安慰太太，並立刻對兒子施以紀律教育是不應該的。

幸而我並沒有執迷不悟到底，起碼，我沒有等到兒子長大成人後，才發現他的眞面目。

平心靜氣接受孩子並不特別出色的事實，甚至了解他們的缺點，並找出解決之道，才是天下所有做父母必須痛下決心修好的一門功課，否則，一再地縱容他、溺愛他，反而使他的缺點更加囂張，長大之後，危害社會人群不說，光是圍繞他們身邊的人就足以被他們給氣死、害慘了。

虐待孩子的父母會被控以違反兒童福利法，溺愛孩子的父母頂多被嘲笑是孝子、孝女。其實，孩子被虐待，只有孩子本身受苦。被寵壞的孩子卻是許多人的災難，父母、老師、同學、同事、上司、下屬、配偶、孩子，以及他自己。

太溺愛孩子　後患無窮盡

虐待孩子的行爲違法，是因爲父母虐待的行爲違反了孩子的人權。同樣的，溺愛孩子的行爲，一樣也違反了孩子的人權，孩子的人權一定也包括接受良好家庭教育的權利，而溺愛絕對不是一種良好的家庭教育。

認清孩子的眞面目，還有一個最大的好處，就是不會再施給孩子許多不必要、莫須有的壓力。不見得每個孩子都要立大志、做大事，一個個成爲人類的救星、世界的偉人。

或許你本身太優秀，無法接受這種殘忍的事實，就算你只是個凡夫俗子而已，也還是希望孩子青出於藍。但是換個角度看看，與其教養出一個痛苦的科學家，不如養育出一個快樂的清道夫，或是普通的上班族，也沒有什麼不好。

再說，看清孩子的眞面目，並不是代表對他們的前途不再抱存希望，相反地，因爲能夠正確看出孩子的天性本能，並爲他們找出一條比較適合他們個性的出路，說不定會有驚喜的意外出現也不一定，所謂「山窮水盡疑無路，柳暗花明又一村」，這在教養子女上並非不可能。

五：別問你能爲孩子做什麼

曾經有一位心力交瘁的母親與我談到孩子教養的問題，令人驚訝的是，她並不是一個不盡職，或是付出太少時間給孩子的母親；相反地，她爲了全心全意教養兩個孩子，在老二出生後，就辭去令人羨慕的高薪工作，成爲專職母親。

母全心付出　子全力作怪

然而經過將近十年的辛苦奉獻之後，兩個孩子已經開始上小學中、高年級了，她卻發現漸漸長大的子女，也漸漸露出他們的眞面目，行爲舉止與她的預期愈來愈遠，而她的心情也愈來愈壞，她開始懷疑當年的犧牲工作，到底對不對。

這位擁有碩士學位的母親，是一位典型的熱衷閱讀各式各樣子女教養叢書、也最能聽信所謂權威或專家學者理論的都市高等知識分子型母親，尤其她自認爲自己是生長在傳統的台灣家庭，在老舊而保守的教育環境下長大，內心充滿叛逆卻無從發洩，因此她立志要讓子女接受新式的教育，也就是自由的、開明的、民主的，而且是充滿著愛的教育。

我問她，那麼究竟什麼是新式的、最好的教育？她卻回答說，這正是她的困惑所在。她坦承，雖然讀了非常多的教育子女叢書，看過無數種最摩登、最新潮的教育理論，卻愈讀愈迷惑，以致於在教養子女時，常常失去方向。不過，她對子女所付出的時間、心力、愛心、耐心，絕對是在一般人之上的。

我觀察她的子女行爲最大的問題，就是非常地以自我爲中心，處處只爲自己著想，尤其是視父母爲他們所做的一切爲理所當然，而他們兄妹兩人的習氣如出一轍，因此兩人終日吵架、鬥嘴、爭寵不捨晝夜。

爲孩子犧牲　超級不值得

記得在聽完這位母親的眞情告白之後，我有三個深刻的感想：第一個就是很慶幸當年自己的老婆也曾經因爲想做全職母親而有辭職的念頭，但是都被我打消；第二個，就是爲孩子做太多自我犧牲並不是可取的行爲，小孩子根本不領情；第三個，就是「盡信書不如無書」，教育子女不能太迷信權威、專家，自己應該要有自己的一套想法，並且貫徹始終。

我常常在想，如果在兒童心理、兒童教育的學者專家出現之前，幾千年來人類可以沒出大差錯的教育孩子，我們今天爲什麼要捨棄自己的常識，去遵守五花八門的兒童教育理論，搞得自己心力交瘁，昏頭轉向，效果卻適得其反呢？

我們的上一代與我們在教養子女上最大的差別，就是在於他們在教養子女時態度十分堅定，而我們卻是以遲疑的態度在教養子女。我們的上一代即使知道自己是錯了，仍然是肯定不疑地做到底，但是我們即使是對的，也仍然一再地產生懷疑。

而我們這種如履薄冰的戒愼恐懼態度又是從哪裡來的呢？就是看了太多的新式心理學說，對於不快樂的童年會造成他們一生都難以磨滅的傷痕等說法聽得太多，以致於在教養孩子時總是有動輒得咎的態度，唯恐他們在我們的漫不經心的錯誤下，在他們未來的生活中要付出昂貴的代價。

殊不知，當我們有遲疑、態度曖昧不清的時候，正帶給孩子最不好的示範，並且給他們有機會可以作怪，或趁機要脅父母。小孩子的心思其實比我們所知道的要單純的多了，很多時候，不必給他們太多選擇，只要給他們一個簡單的答案就好了，尤其是行爲準則、道德規範，甚至是大人的價值判斷等，根本不必與他們討論太多，直接告訴他們一個標準就好了。

樹立價值觀　家長自己來

今天這個世界就是因爲選擇太多、所有的行爲處事、道德規範都有不同的標準，才令人無所適從，令人覺得世界比以前紛亂、社會比以前脫序。今天在北美許多學校，很多教師甚至不敢對學生談道德觀、價值觀，以及行爲準則——更不必提宗教思想了——因爲生怕被套上種族歧視、價值觀偏差等罪名，結果學生都感到比以前更加迷惑，許多教育學者專家爲了此種現象而憂心不已。

在這種價值觀迷亂的時代，做家長的必須負起更多的責任，以建立子女正確的觀念與價值，而這些想法，並不需要靠專家學者來指點迷津，每一個成年人自己心中就應該有一套準則；而抽象的觀念也不是用說教的方式，意圖原封不動地注入孩子的腦袋裏，而是父母平日在生活中樹立簡單的生活準則，並且以身作則，就可以竟其功。

我們的上一代，大都採取權威式教育，要求孩子「有耳無嘴」——不可以問父母爲你做了什麼，而要問你爲父母做了什麼——許多人並沒有因此覺得自己的童年悲慘，人格扭曲，而且更沒有人認爲他們沒有得到父母足夠的愛。而今天，做父母的不計一切爲子女付出，但子女還是需索無度，總覺得自己從父母那裡得到的不夠多，卻不會去想自己給了父母什麼。難怪我們要納悶：爲什麼自己的孩子，不能像童年的自己那樣的乖巧、上進？

其實問題的癥結，就是在於我們給子女的太多了，不只是有形的物質，而且也是無形的愛，拚命地付出，又不敢要求回饋，以致於養成子女目中無人，凡事只想到自己。

特別是有許多自詡爲新時代的父母，過度相信專家學者的話，將孩子推到家庭的第一位，家庭的中心。孩子成爲家裡最重要的人物，親子關係取代夫妻關係，成爲家庭最重要的人倫關係。結果當孩子是家庭的中心時，孩子就變本加厲的以自我爲中心。

家庭的中心不應是孩子

一個以自我爲中心的孩子，在年紀還小的時候可能還有點可愛，尤其是現在的父母耐力都特別強，但是當孩子漸漸長大之後，就會發現他們愈來愈不服管教了，這時爲人父母就變得愈挫折、痛苦、吃力不討好。

如果你把孩子放在家庭的第一位，他們一定會變得古怪刻薄、得寸進尺，不論你付出多少，他們都認爲是理所當然。只要你有一點沒有滿足他們，就是不可原諒。你要叫他們幫個舉手之勞的小忙，比登天還難。你叫他們配合父母，就是不公平。

你累得死去活來，奇怪的是孩子並未因你的奉獻，或是你的被虐待而快樂，孩子反而不快樂、無聊、抱怨連連，並且不停變花樣找你麻煩。爲什麼？因爲一個人只有在接受了自己的責任之後，才會得到快樂，一個相信凡事都應由他人負責的人，是快樂不起來的。孩子需要注意，但不需要太多。如果你堅持要給一個孩子超過他需要的注意，這個小孩慢慢就會產生一種依賴性，必須不斷的接受過量的注意。如果你不停的滿足他的依賴性，這個孩子對幸福的定義就會變成注意，獲得注意才幸福，才有安全感。失去注意就失去自尊、自信。

一個需要過多注意與被父母過度關注的孩子，通常有這些行爲：大人講話時，不停插嘴；父母有親密一點的言語或動作時，一定要插一腳；不停的大聲說話來干擾，或是嬉皮笑臉的要寶吸引父母的注意。

就算你與孩子都決定一輩子同住在一起，你也不可能提供他一輩子的注意，你必然會比他先離開人世，屆時他沒有了你的注意，你要他如何活下去。孩子終究有一天要離開父母而獨立，你希望他是平順的離開，堅定的獨立呢，還是離開得令人擔心，獨行得跌跌撞撞。

孩子不可能在他二十歲或是二十五歲的某一天，突然具備一切獨立的能力，站起身來向父母告別，邁開大步離去。他獨立的能力必須要由出生起開始學習，他學習走路，不用你抱他，他學習說話，不用你善體人意，他學習單獨面對挫折，他學習自己解決問題，他學習自我療傷止痛，這一切都是爲了培養獨立的能力。

孩子上床早　父母煩惱少

除了少給孩子注意之外，另外一個不宜多給的就是時間。父母不需要將太多的時間用在陪孩子上，而是陪配偶，以及留時間給自己。爲什麼部隊都規定十點熄燈就寢，而不是十二點或是隨意，而且熄燈的只有士兵寢室，軍官寢室則不在此限。軍官如果每天不比士兵多醒一兩個小時，那有時間思考如何對付修理這些兵呢？同樣的，父母如果沒有多一點沒有孩子干擾的時間，如何能儲備繼續照顧孩子的精力呢？

所以請先爲孩子吹熄燈號，養成孩子定時上床的時間，孩子上床時間愈早，你與太太的時間就愈多。上幼稚園的孩子，八點要上床；唸小學的孩子，九點要上床；再大一點的不要超過十點。睡眠充足的孩子，比較容易有健康的身體與良好的學習。

一個無時無刻都需要父母注意的孩子，根本沒有機會去培養自己的主動精神、想像力、創造力，也沒辦法自給自足自尊自信。

如果你希望你的孩子能健康、快樂的成長，那麼你給他的注意力，千萬不要超過你能對婚姻的注意力。

六：鐵的紀律　愛的教育

今天在談教養子女時，每個人都強調愛的教育，我舉雙手完全贊成愛的教育，承認「愛」是教養子女時最根本的元素，沒有愛做基礎，其餘所有的教養都像是建築在沙灘上的城堡一樣，禁不起任何風浪的考驗，

然而，今天，新一代父母在教養子女時所面臨的課題，不是沒有愛的教育，而是缺乏紀律——尤其是鐵的紀律——也就是愛太多，紀律卻太少了，造成子女有恃無恐，行爲偏差。

愛太多紀律少　子女有恃無恐

我主張，鐵的紀律與愛的教育必須並行，有如黑金之於台灣政黨，缺一不可。由於一般父母對於愛的教育已經太熟悉了，也太身體力行了，所以我要多談談鐵的紀律。

鐵的紀律包括兩個層面：一個是紀律要清楚明白，沒有灰色地帶。第二是執行要貫徹始終。孩子只要是違反了紀律，不論當時你心情有多好或多壞，不論當時在什麼場合，不論當時有什麼人或是沒有人在旁邊，你的處理態度、處理方式都是一致的。

孩子的是非觀、價值觀受到父母很大的影響。只有同樣的錯誤行爲一定會受到同樣處罰（不需要太重，只需每次都處罰，沒有例外），孩子才會知道他之

所以受到處罰，是因爲自己的特定行爲是錯誤的，也才能夠預測自己的行爲會有怎麼樣的後果，而不是取決於父母的情緒。

換言之，父母對孩子實施的是法治，而不是人治。父母對孩子的要求標準是一致不變的，不會因爲自己的情緒變化，而有寬鬆或嚴苛的改變。

在法治下，孩子可以預知後果，並且依預知的後果調整行爲，達到自律的目標。在人治下，孩子得到的只是因果關係錯亂的迷惑。

在法治下，父母只是在孩子犯錯後冷靜而不帶感情的執法者（在孩子不犯錯時，父母當然是愛的提供者）。請問，交通警察在開罰單給違規者時，會威脅、恐嚇、責罵、埋怨嗎？違規者會向交通警察撒嬌、耍賴、討價還價嗎？（輕撫臉龐屬於促進警民關係，不在本書討論範圍）

孩子可以明確的預知後果，就不會以身試法，萬一違反規定，也有坦然接受處罰的心理準備，不會嚐試以試探、撒嬌、耍賴、討價還價的方式逃避處罰。當短暫的處罰結束後，他們立刻能以坦然的心情，重回生活常軌。

國有國法，軍有軍法，家庭則要有家規。不教而殺謂之虐。沒有訂定明確的家規，並且清楚的告訴孩子，就因爲孩子的行爲不符合父母的期待而任意加以處罰，這就是虐待。

父母標準一致　孩子難逃法網

要嚴格執行鐵的紀律，首先父母雙方要奉行一致的紀律，對孩子要有一致的要求。這種理想狀況很難達到，因爲父母來自不同的家庭，從小接受不同標準的管教，對孩子的要求標準必然不一致，孩子的錯誤行爲種類繁多，有時且不是父母能夠預見，所以也不太可行。因此最好父母之間先充分溝通，以獲得共識，並寫下文字成爲「家庭紀律」。

萬一父母的標準不一致會怎樣？

孩子在別的地方不見得很精明，在察言觀色、矛盾中求生存的本事卻像是與生俱來的。像我孩子以前就常如此：「爸，我可不可以看電視？」，我回答：「不可以。」他立刻回頭問他媽：「媽，我可不可以看電視？」中間的時間差不到半秒。父母的要求標準不一致，正好給他投機取巧、左右逢源的機會；厲害一點的孩子，還會藉機分化父母，利用父母對自己的愛，使父母分別競相討好他。

特別是父母彼此都很在乎孩子愛不愛他們，或是自己會比較愛孩子還是愛配偶，像這種脆弱的人性一旦暴露在孩子面前，父母就毀了。我們將會看到兩個大人在一個小霸王、小暴君面前爭寵、邀功的荒唐景象。

別扯配偶後腿　鞏固領導中心

我的辦法是，有前例可循的行爲，當然依前例辦理，父母彼此都不能改變前例。無前例可循，父親或母親誰先做處置，另一位就一定要毫無保留的順從。

我認爲，父親或母親所做的處置，不論正確與否，其實對孩子影響並不大。怕的是父親或母親所做的處置，被另一個人推翻，例如父親會對孩子說：「媽媽不讓你吃糖啊，沒關係，我拿給你。」，甚至是踐踏，例如對孩子說：「你爸爸怎麼這麼笨，這種天氣還要讓你出門！」

父母就是孩子的領導中心，領導中心需要被鞏固，如此家庭才能和諧團結。父母對子女教養的意見不合沒有關係，重要的是不要讓孩子洞悉。父母在孩子面前，不論是消極地暴露出彼此意見不合，或是積極地否定、批評對方的意見，就等於自行打擊領導中心，鼓勵孩子奪權。

父母能否在孩子面前爭吵呢？我認爲，只要爭吵的主題與孩子無關，則無妨讓孩子聽到。父母的爭吵，來自兩個人意見的不一致，而意見不一致是人際關係中很必然存在且無法避免的事。人與人的關係愈親密，互相交換意見的機率就愈高，互相詢問對方的頻率愈頻繁，難免就是有意見不合的時候。事實上，夫妻意見不一致才是正常的。爭吵是解決意見不一致的方法之一，雖然它不是最好的解決之道，但是它比一味地忍耐、委曲求全、盲目配合等方式對婚姻來得健康許多，甚至比輕聲細語的溝通來得容易實施。

父母應該讓孩子知道，爭吵不會讓父母分手，不會將家庭摧毀。就像孩子也必然曾經與玩伴爭吵，結果又怎麼樣呢？明天不又玩在一起，而且因爲雙方對於遊戲規則的不一致意見已經透過爭吵而找到解決的辦法，所以玩起來更順暢了。

許多人都知道溝通、傾聽的技巧，但卻忽略吵架也需要技巧，掌握吵架的技巧，才是有建設性而非破壞性的吵架。這點，對孩子非常重要，他需要學會，而父母就是他最佳的學習對象。如此，當孩子長大結婚後，他才敢吵架，更會吵建設性的架。他的婚姻不會因一場爭吵而破裂或瓦解。

當然，最理想的情況是尋求良好的溝通方式，以解決夫妻之間意見不一致的問題。父母就有責任以文明、具建設性、就事論事、排除情緒、求同存異的方式進行溝通。父母的聲調可以適度提高，但絕不可以彼此毀謗、謾罵；父母應該尊重對方的觀點，互相傾聽也互相表達己見，並且始終確定溝通的目的是找到解決問題的辦法，而不是發洩情緒。

如果父母之間的溝通出現難題，一時之間無法解決，最好告訴孩子暫時離開，不要讓孩子一直夾在中間。

肢體語言暴力　必須加以避免

父母不要畏懼對孩子施以處罰，而處罰孩子的方式有很多種，只要是不對其人格及身心造成傷害的處罰，都是可以接受的，例如最常見的是限制孩子的自由行動、遊戲時間，或是罰站、罰坐等，目的都是在於給他一段安靜的自我反省時間，暫時強制行爲偏差的孩子脫離你的視線，是不錯的方法，可以讓親子雙方都獲得冷靜的機會，不致於因孩子的失控導致父母的暴怒。

我主張鐵的紀律，但絕對反對暴力。不但反對任何肢體暴力的體罰，也反對語言暴力，像是罵孩子：「沒出息、白痴、笨蛋、混蛋、賤。」這一類含有人格醜化、敵視的用語，都要極力避免。切記，我們要處罰的是孩子的錯誤行爲，不是孩子的人格，所以在處罰孩子之時，必須「就事論事」，不要涉及人格污辱。

至於每次處罰的時間長短、方法內容等，則視孩子做錯事情的嚴重情況而定，而這在每個父母心目中，很難有一定的標準，但是注意不要超過不同年齡層的孩子所可以容忍的極限，例如對於年幼的孩子，每次處罰的時間不要超過半小時，大一點的孩子，或許每次以一個小時爲限，不一而足。

處罰必須及時　貫徹鐵的紀律

遲來的正義不是正義，同樣的，遲來的處罰對孩子來說也莫名其妙。要貫徹鐵的紀律，就要在孩子出現錯誤行爲之後，立刻給予處罰。中間間隔時間愈短，處罰的效果愈好。否則事過境遷再處罰的話，孩子只能認定是父母心情不好，拿他出氣，想不到是因爲他的錯誤行爲而受處罰。即使你明確告訴他這個處罰是因爲他的那一項錯誤，他也會認爲你這時候想起來要給他處罰，絕對是你這時候心情不好。

孩子有錯，父母親必須給予立即有效的指正導引，這是天經地義的事，至於施予適當的處罰，才能收到立竿見影的效果，做父母的不要因此而感到內咎，否則的話，情況只會愈來愈糟，特別是因爲感到內咎，在事過境遷之後，又想到以別的方式做爲補償，那更是教養子女上的一大禁忌。

我贊成有些心理學家所主張的，爲人父母者也是人，既然是人，就有人性的所具備的一切特質，包括也會犯錯、也會憤怒，也會偶爾行爲失控，而當我們在面對子女時，難免也會暴露出人性的弱點。事實上，任何人只要與孩子相處時間久一點，就會有失控的時候，天下沒有百分之一百聽話、乖巧的好孩子，他們永遠有讓我們看不下去的時候，而我們既不是聖人，就一定會生氣，如果自以爲自己能夠完全的忍耐，那是天方夜譚。

父母有權發怒　注意安全限度

所以我們必須承認我們發怒是不可避免的事實，我們也有權發怒，對孩子發怒既不是罪惡，也不是可恥的事，我們有權在安全的限度以內，表達我們的內心眞正的感受。事實上，

老爹！我現在是網路上的「知名恐龍」喔！！

如果我們一味的忍耐而不發怒的話，給予孩子的印象，若不是我們太軟弱，就是我們對他們漠不關心，因爲孩子在許多時候犯錯，其實都知道他們犯錯了，有時是故意，企圖吸引大人額外的注意，有時則是無法自我控制，而無論如何，這些都是顯示出向外界求救的訊號，如果我們不能立刻採取行動的話，他們更會覺得失落而無所適從呢！

七：兒子聽老子，不是老子聽兒子

在我讀中學的時期，每逢朝會時，都要背誦「青年生活守則十二條」，當年雖然背得滾瓜爛熟，但總是「小和尚唸經，有口無心」，從未認眞思索其中的意義，直到今天身爲人父，發現其中許多教條也可以做爲治家育子格言，尤其是其中一條：「服從爲負責之本」。

服從爲負責之本

這年代對做家長講要教小孩服從，恐怕會被譏爲「阿達麼鞏固力」、「頭殼壞去了」，我大大不以爲然。我不但要做家長的教孩子「服從爲負責之本」的生活守則，而且還要把以前當兵學的口號「軍人以服從爲天職」拿來借用一下，改爲「小孩以服從爲天職」，並奉勸天下父母，在孩子年紀尚小時，就要早日努力實施。

我這帖良藥，專治家有不聽話小孩，早日施行，早日見效，施行愈徹底，保証藥到病除，不肖子也會成爲乖乖牌。

或許有人會擔心，教導孩子服從，會抹殺孩子的個性。

不要緊張，這種言論似是而非，都是不負責任的學者專家用來嚇唬沒有教養孩子經驗的父母的說辭。

唯有教導孩子要服從，孩子才會循規蹈矩，否則，他只會目中無人，在家是小霸王，出外會欺善怕惡。

眞正懂得服從的孩子，不會沒有個性；相反地，他會更有個性，因爲他更有智慧，他懂得何時該聽從別人的，他學會識時務爲俊傑，他會是個有風度的謙謙君子，他更會是一個有守有爲的好公民。

爲什麼服從爲負責之本？道理很簡單，因爲做父母的有管教子女的責任，應該教導孩子許多生活守則，小孩必須遵守這些生活守則，才能安全、快樂的長大，人格發育才會健全，而這就是對自己負責，也是對父母負責。

軍人以服從爲天職。因爲軍人手中有武器，不服從命令就可能打家劫舍，叛變賣國。孩子以服從爲天職，因爲孩子沒有保護自己的能力，如果孩子不服從負有保護他責任的父母的命令，父母如何能貫徹保護孩子的責任？

因爲父母負有保護孩子的責任，父母也有義務爲孩子做許多決定。如果一味尊重知識、經驗皆不足的孩子的自行決定，是極不負責的父母態度，而在這種家庭教養下長大的孩子，成年之後也不會對別人負責。

順從兒女顛倒倫常

今天這個年代，尊重子女的呼聲甚囂塵上，但是有些父母做得太過火了，事事順從子女，而不是子女服從父母，常讓人覺得簡直是顛倒人倫之常。

在一個家庭裡面，母親傾向於「順從兒女」，是中國傳統婦女既有的美德，所謂「在家從父，出嫁從夫，夫死從子」，但是今天的婦女，不但自己在家就唯兒女是從，而且也要自己的丈夫效法施行，做先生的爲了贏得太太的芳心，因此也極力討好兒女，使得自己在家中的地位日益卑下。

我在許多朋友身上，就常看到這種「兒子不聽老子，老子卻聽兒子」的現象，其中有一位朋友的例子更是箇中翹楚，令人嘖嘖稱奇。

由於這位朋友是中年得子，而且是只有一子，因此平日對其獨子疼愛有加，簡直是言無不從的地步，而這個孩子顯然對於老爸的順從成性了然於胸，因此總是爲所欲爲，得寸進尺。

讓我印象最深刻的一次，是我們一大群人出外郊遊烤肉，同行中有許多大約都是十歲上下的小朋友，大夥兒玩得都很開心，唯獨這位朋友的公子生性害羞，獨來獨往，不到中午，這位獨行俠就感到意興闌珊，因此吵著爸媽帶他回家，媽媽因爲玩興正濃，不肯打道回府，於是這位愛子心切的老爸，就先行開車帶他回家。從郊外開車回到他家，路程就要將近兩個小時，這位老爸也不在乎，到了黃昏時候，他再度帶著兒子開車上山，專程接太太回家。

我估算一下，這位老爸那一天花在路上開車往返的時間，將近七、八個小時，他自己完全沒有享受到郊遊的樂趣，卻被兒子折騰了一天。

他兒子的這種折騰父母的行逕不是頭一遭。有一回，我們兩家人一起出去郊外，他兒子在出發之前，就鬧足彆扭，寧可單獨留在家裡打電動玩具，也不肯邁出大門一步，在父母好說歹說的苦勸下，才終於出門；然而到了踏青地點，這小子又不知哪裏不對勁，堅決不肯下車，最後是他單獨一個人留在車上，他的父母雖然下車與我們一起遊玩，但是卻又不放心兒子，因此只有匆促地走了一圈，就先行向我們告別離去了。

每每看到像這種一味順從子女的父母，就要讓我覺得今天是一個倫常不綱、父權淪喪的年代。難道這對孩子而言會是一種好現象？我感到很不以爲然，不過這些做父母的，卻以爲這是尊重孩子的一種表現。

我不反對今天許多教育學者所鼓吹的所謂「小孩年紀雖小，也具有獨立人格，必須獲得尊重」之類的言論，但是，所謂的尊重必須是相互的，而不是片面的，也就是做父母的也有被孩子尊重的權力，只有父母在受到孩子的尊重的前提下，小孩子才能獲得父母「適度的尊重」，也唯有在家懂得尊重父母的小孩，出外才知道尊重別人。

教導孩子尊重父母

怎樣教孩子尊重父母呢？今天簡直沒有人重視這個課題，就是因爲新一代的父母太重視孩子的感受，卻不在意自己的感受——小孩子大剌剌地拒絕父母，父母也不敢生氣，還要爲孩子無理的拒絕找個合理的藉口，認爲孩子是因爲年紀小、不懂事——而這種習慣，在孩子牙牙學語時期起，就奠定基礎：小孩只要一哭鬧，父母就又摟又抱；等孩子長大一點，看到孩子調皮搗蛋，不停地唱反調，父母不但不以爲意，反而覺得孩子聰明可愛，甚至還會在孩子面前流露出這種心態；孩子愈長大，對種種生活細節處理的意見就愈多，父母還覺得孩子「有個性」，時日漸久之後，孩子根本就視父母如無物。

我總以爲要教導孩子尊重父母，在許多時候不是光靠說理的方式，尤其是年紀幼小的孩子，父母應該立下一些生活準則，讓孩子從小就養成服從的習慣。

大家都認爲，現在的孩子愈來愈不聽話。爲什麼？許多人都誤以爲是現在的孩子比較精，父母要他做什麼，他不願意做，還能說出一大堆理由。

其實，這根本與精明無關，任何人要做自己不愛做的事，都可以找到理由。如果這時父母再不明辨是非黑白，再不直接了當給子女的耍賴、抗命下達禁令，卻反而一再地與他「溝通」，反而助長小孩的氣勢，造成他愈來愈不聽話。

我就認識一位非常不聽話的小孩子，讓他父母吃足苦頭，而小孩自己卻也常常不快樂，因爲他凡事都要抗命，永遠都要別人聽他的，而他年紀小小的，其實常常無能做出正確的判斷，每當別人聽從他的意見之後，出現預期中的反效果時，他就又以另外一種耍賴方式，來掩飾他的不安，而這種情形一再出現，不斷惡性循環。

例如，有一回，我們兩個家庭聚餐，用餐過後，大家決定去住家附近的公園散步，那個小子就是不肯服從，他父母勸了半天，甚至連哄帶騙都無效，最後請我出馬。我的方法很簡單，就是威脅加恐嚇：

「這是大家的意見，你得要服從，而且這是在我家裡，你也得聽我的，沒有商量的餘地。」

我毫不客氣地板著臉又加了一句：「此外，你要與大家一起出門，動作就要快，否則你就單獨留下，沒有人要等你。」

這個年紀只有八歲，是所有的成員中最小的孩子，一看到情勢對他不妙，只有乖乖順從；而到了公園之後，他玩得比誰都開心，到了太陽下山，大家要回家了，他卻又賴著不肯回去，又是在他父母好話說盡、溝通也失效的情況下，要我再度出馬，我的作法一樣很簡單，就對他下達嚴肅命令：「要回家了，你沒有選擇的餘地，這是大家一致的決定。」

像這種跟大家過不去，不聽任何人的話的事，在這個孩子身上一再上演，他有時甚至在眾目睽睽之下，賴在地上，又哭又鬧，抵死不從。

我很好奇，如果當天要不是我出面扮演黑臉，那麼他們會怎麼處理？據我這位朋友告訴我的，眞是把我嚇一大跳，因爲他們說，他們通常會跟孩子一再商量、討論，就算耗時良久也在所不惜，尤其是他那做媽媽的，常常得和孩子僵持一、兩個小時。

這個孩子被他父母形容爲「不知道爲什麼，老是拗得很」，在我這個外人眼裏，卻看得很明白，他根本就是從小不聽話成習慣了，才會目中無人。

下達命令直接了當

以前的父母給孩子的命令是直接了當的，不帶有一絲絲的徵詢、商量、民主、抱怨、說服、講道理的意味。以前的父母，命令就是命令，沒有討價還價、沒有收買賄賂、沒有威脅恐嚇、沒有等下一次的機會。

現在的父母不是這樣。

現代的父母通常是給孩子一個要求，然後孩子反問：「爲什麼？」或是：「爲什麼不行？」，於是父母就開始以最理性、最詳細、最動人的言詞試圖說服孩子，期待孩子說：「你說的實在太有道理了，我不得不同意。」你聽過孩子說這麼悅耳的話嗎？當然沒有，也許永遠不會有。

因明理而放棄己見，是一件非常困難的事，許多成人都做不到，父母之間也不見得做得到，那我們憑什麼天眞的期待孩子能做到呢？

當孩子問：「爲什麼？」或是「爲什麼不行？」的時候，父母的答案很簡單：「沒有爲什麼，你必須要這麼做，因爲這是我說的。」。

當我的孩子超過十歲時，我給他另一種答案：「你做我兒子已經十年了，應該知道是爲什麼。」

如果這兩種答案還是沒有辦法使孩子接受，孩子仍然在抱怨抗議，那麼你就要徹底檢討自己往日對孩子的教導了。

八：服從眞權威　打倒假民主

抗議文化在台灣成爲一股新流行趨勢，不但政治、社會上，各式各樣的抗議之聲不絕於耳，連年幼的孩子也感染這種風氣，處處喜歡抗議。

小孩子喜歡亂抗議

我的一位鄰居是資深的小學老師，她就告訴我一個眞實的故事。她有一次在上課時間，因有要事而跑去找一位三年級的班級導師，當時他們站在那位老師的教室門口前攀談，不久，就有一位小學生跑去黑板上寫著大大的兩個字：「抗議」。

這位鄰居已經在小學任教超過三十年了，她在向我轉述這個故事時，很感慨的說：「現在台灣的小學生眞難教，因爲他們動不動就『抗議』。有時候，這些孩子根本不懂得黑白是非，或是僅懂得一點皮毛，甚至似是而非；反正，只知道事情對他們一有不利，就高舉抗議招牌，更有的時候，他們是爲反抗而反抗，好像那是很好玩又時髦的事。」

這位資深教育工作者研判，這種沒事就愛亂抗議的小學生，在家裡也是喜歡跟父母唱反調的孩子，而他們的這種行徑，多半是父母從小縱容，或是錯誤鼓勵，所養成的習慣。

我十分贊同這位老師鄰居的說法，對於所謂「父母從小縱容，或是錯誤鼓勵」的說法，更是牢記在心，祈望自己不要犯同樣的錯誤。

事實上，現在不只是年幼的孩子喜歡亂抗議，但是有時爲何而抗議，卻說不出個所以然；至於大一點的孩子，則把抗議的口號，加上冠冕堂皇的理由，例如他們會說：「打倒權威！」

大孩子偏愛打倒權威

我有一位在大學任教的朋友，她就向我提到，現在的大學生動不動就把「打倒權威」掛在嘴上，連她自己的兩個上高中的兒子也常這麼說，好像服從權威是落伍似的。

她對此現象憂心不已，因爲若不懂得尊重眞正的權威的話，就會產生一種輕蔑的心理，而這最不利於學習與求知。後來，她想到一個很好的答案，以應付那些喜歡說「打倒權威」的孩子。

她說：「權威有兩種，亦即眞權威和假權威。我們要打倒的是假權威，對於眞權威，卻要服從。」

的確，唯有透過服從眞權威，我們才能成長，而且成長得更深刻、更快速，這就有如站在巨人的肩膀看世界一樣。

父母親必須教導子女分辨權威的眞假，假權威是濫用威權，不講道理，眞權威則是有堅強的知識理論作後盾，它也經得起討論。父母親一項更重要的工作是教導子女尊重眞權威，而不可以抱著蔑視、開玩笑的態度。父母親更必須在子女面前樹立眞權威，例如，教會孩子必須尊敬長輩，不可以「沒大沒小」，因爲長者的知識及人生閱歷比較豐富，而父母親就是子女身旁最親近的長者，也是一個權威的代表；此外，基於家庭的和諧、子女的安全及福利等理由，父母親必須建立一套全家成員必須共同遵守的生活準則，這也是一種必須子女服從的權威。

小學生愛亂抗議，大學生盲目地打倒權威，都讓我聯想到現代台灣家庭教育面臨很大的危機，我想，這恐怕是因爲新時代的父母聽從一些「權威」型教育專家的理論，把在家庭裏樹立權威視爲毒蛇猛獸，因此對子女不講權威，只講民主所致。

假民主的重重危機

然而就像「權威」一樣，「民主」也有眞假之分。社會上奉行假民主，就會導致動盪不安，脫序恐慌；家庭裡實施假民主，就會讓孩子無法無天，父母永無寧日。

民主的主要精神是「少數服從多數」，然而，這其中卻充滿重重危機與弔詭之處，例如所謂的「多數暴力」，亦即一群人運用不當勢力，合縱連橫，壓抑少數人的聲音；又例如，明明是一小撮人的意見，但是由於他們的聲音比較大，手段比較激烈，行動比較積極，促使沈默的多數誤以爲他們是代表多數人的意見，而盲目順從他們。

這些都是社會上常見到的假民主。而在家庭裏，也有假民主現象，例如，孩子明明是年紀小，對事情的想法不夠圓熟，卻因爲他們會哭、會鬧、會撒嬌——他們最常用的手段就是抬出「這麼做就是不民主」——因此父母就順從他們。

一個家庭裡，最常見的親子戰爭，就是子女動輒要「打倒權威」，高呼「爭取民主」。孩子需要更多的自由空間，更多的玩具，更少的管束，更多的時間看電視、打電玩，上更多莫名其妙的網站……如果父母膽敢不從，子女就會以

「我的同學都有／都這麼做，爲什麼我不可以？」在孩子的眼中，凡是他的朋友及同學都有／都在做的事，就是代表多數人的意見，因爲他也要求自己的父母允許跟上，否則自己的父母就是不夠民主。

事實上，在一個家庭裏，凡是與子女有關，或是子女可以參與的議題，並不能完全用民主的方式來表決，也就是說，貿然以民主方式養育子女是行不通的，必須配合權威的手法才行。實施民主，必須在孩子的心智成熟度到達一定的程度，才可以施行，而判斷子女的成熟度，是父母的責任，也是父母的權利。

父母應享有否決權

子女年幼時，可以讓他們表決一些簡單的議題，例如週末想要與家人一起去哪裏玩？休閒時間，可以玩哪些玩具？看哪些電視節目？但是在讓他們參與民主表決的前提，是父母有權威事先爲他們劃定討論議題的範圍，甚至，在大多數的情形下，父母可以享有否決權。

當子女年紀漸增，例如上小學，尤其是邁入中、高年級時，由於累積的知識、社交經歷漸增，因此對於家庭中許多事情，尤其是與他們有關聯的議題，會更多自己的意見，這時父母勢必要開放更多的空間，讓子女參與表決，讓他們來投票，但是，父母卻仍然擁有否決權，這個權威是絕對不可以被打倒。

子女想要參與表決家中大小事項的慾望，會隨著年齡的成長而增加，父母應該樂觀其成，而不是視爲畏途。許多爲人父母者，常常以爲凡事是站在保護子女的立場考量，斷然爲子女做許多決定——決定子女看電視的時間、看什麼節目、幾點鐘上床、玩什麼玩具、打何種電玩，甚至子女的交友、衣著打扮、飲食嗜好及食量大小等等，完全一手包辦，自行爲子女做決定，完全不勞子女費心神去做選擇——在我看來，這一類的父母，就是濫用權威，這也是一種假權威，其後果就是導致子女無法培養自行判斷的能力。

這一類的假權威，最是應該要被打倒的。

九：愼用讚美、獎勵、同情

讚美、獎勵與同情是中國傳統教育孩子的大忌，認爲這是培養不肖子孫的不二法門，然而新時代的父母受到西方新式教育理論的鼓吹，對於中國老祖宗的教育禁忌不屑一顧，不但如此，還要反其道而行，加以熱情擁抱，大量的使用。

積極的感情促進劑

過度吝於給子女讚美、獎勵與同情，的確有其弊病，最主要的害處是子女缺乏自信心、常感到壓力太大，以及容易造成親子之間的隔閡等等。

然而，對子女濫用讚美、獎勵與同情，一樣也會有其害處。

讚美、獎勵與同情，都是積極的感情促進劑，可以讓人建立自尊自信，得到安全感。

然而如同使用許多效果強烈的藥品，必須遵守一定的使用規則及注意事項，必須在最適當的時機，控制在一定的劑量範圍之內，否則可能就會產生過敏反應，甚至反效果，以及依賴性等不良作用。

現代的父母普遍相信，孩子需要讚美，而且還是大量的讚美，如此才能幫助孩子建立自尊、自信，培養其樂觀開朗的人格。哪個爲人父母者不希望自己的孩子有自尊、有自信，快樂又進取呢？於是大量惠而不費的讚美，就像雪花般的灑在孩子身上，只要孩子有一點點優秀表現就讚美他，而且甚至不分青紅皂白，把對他達成某件事的成就，以及人格特質，都一併讚美了，例如，當他很有禮貌的向客人致意時，父母就會說：「你好乖，好有禮貌喔，你是最棒、最聰明、最懂事的孩子。」稱讚他有禮貌是對的，但是進而讚美他又棒、又聰明、又懂事，實在是誇大其辭，不但模糊了事情的焦點，也容易造成孩子的自我膨脹。

像這種在稱讚孩子的優良行爲時，又額外讚揚他的人格特質的例子多如過江之鯽，例如，我們常會聽到父母對孩子說：「你眞是太了不起了！」、「我眞是以你爲榮！」、「你實在是個好孩子！」諸如此類的讚美，其實都已經超過了對孩子行爲滿意的表現，反而使孩子感到迷糊，不知道究竟是因爲他的人格特質好，還是因爲做對某件事而獲得表揚？

單刀直入讚美成就

直接且單純地讚美孩子的成就，而不要擴大讚美孩子個人人格，其實是非常重要的，例如「你做的很好」、「你這樣做就對了」、「功課都做完了，這是負責的態度」等等，如此簡明的讚美，讓孩子很清楚的知道他究竟是因爲哪件事情而得到鼓勵。

擴大及誇張的讚美會讓孩子自我膨脹，養成浮誇的態度，而不切實際的讚美則會讓孩子產生緊張、不安，進而惡劣及失控。

不切實際的讚美，就是其實孩子沒有什麼優良表現，父母爲了激發他的信心或學習興趣，就不顧一切，甚至違背事實的讚美他，例如：「別擔心啊，你是很聰明的，一定可以學得很好」、「你不要與弟弟吵架，因爲你是懂事的乖孩子」、「你長得很漂亮，大家都會喜歡你的」……

像這類不切實際的讚美，其實只會造成孩子內心更大的不安，有時更會使他不能辨明事實眞象，對自己的能力過度自信，而當他遭遇挫折時，就無法接受是自己能力不足所致，而要把責任推到別人身上。

獎勵必須適時適量

鼓勵孩子，必須根據事實，必須有憑有據。例如當他擔憂去做某件事情是超過能力範圍時，不必以「放心好了，你一定可以勝任」之類的話刺激他，而是告訴他：「你試試看，如果第一次做得不好，還可以再試第二次。」

獎勵是對孩子正面行爲的鼓勵，它是比讚美更強烈的一劑促進劑，因此在使用時，也必須更爲愼重才行，否則帶來的負面作用就會更強大。

適度而正確的讚美是必須的話，獎勵則是額外的，父母可以就情況酌量給予，但是，每個家庭的經濟及生活條件不同，父母也可以不必要給予女超出家庭能力範圍的獎勵。例如，有的父母爲了獎勵孩子傑出的表現，因此帶他們去高級餐廳享用豪華大餐，或是買高級昂貴的禮物及玩具，甚至是出國渡假等等。

爲人父母者給予子女的獎勵必須量力而爲，絕對不要打腫臉充胖子。當孩子會以別人家庭的標準，來要求父母給予同樣的獎勵時，父母必須清楚而明白的告訴孩子自己家裡的一套標準。事實上，我認爲，不論家庭經濟條件爲何，最好都要避免給孩子太昂貴、太奢侈的獎勵，否則會讓孩子覺得獎勵來得太容易，而不會好好珍惜。

就像點心不能超過正餐、工作獎金不要多過薪水一樣，對孩子的獎勵也必須適時適量，而獎勵必須不斷「漲價」，才能產生一定的鼓舞效果。當孩子對一包口香糖的獎勵習以爲常時，父母再拿出一包口香糖，就達不到鼓勵的目的，而必須拿出一條巧克力。所謂「由儉入奢易，由奢返儉難」，獎勵也有同樣的問題，因此對於孩子的獎勵也要由小而大，由儉入奢。

至於過度的獎勵是萬萬不可的，因爲這不但會讓孩子讓成消極的態度，以及依賴的心理，而且會變成如果沒有獎勵的話，就不肯有良好的行爲表現。例如他會說：「你不買玩具給我，我就不要做功課。」、「如果你不送我腳踏車，我沒考上前十名，可不要怪我。」等要賴的話。

過度的獎勵，更糟糕的是，還會混淆孩子的價值觀，以及養成一種投機取巧的處事態度，例如孩子只會想「這樣做對我有什麼好處？」而不是「如果不這樣做對，我有什麼壞處？」又例如孩子會要脅地說：「如果我乖，你可不可以買玩具給我？」或是「如果我月考前十名，你可不可以送我腳踏車？」等等。

濫用同情有害無益

同情像讚美、獎勵一樣，如果使用不當，或是大量濫用的話，都會讓孩子上癮，而沈溺其中。

同情孩子，並不是要替孩子尋找脫罪或逃避責任的藉口。這個道理說起來容易，但實行起來卻困難重重，尤其是父母在面對因爲受挫、失敗而傷心不已的孩子的時候，因爲心裏不捨及著急，更是難以把持得住，而對孩子施予不當的同情。例如，年幼的孩子跌疼了或碰傷了，我們常會聽到父母親會安慰他說：「都是這個石頭不好，擋在路中央，害我們小明摔疼了。」然後一面揉孩子的疼腫處，還要一面用手去打打石頭，以示替孩子出氣。

像這種打石頭、拍桌椅，責怪它們不好，才會害孩子受傷的同情方式，我們或許會覺得面對年幼的孩子，偶爾使用一下無傷大雅，但是當孩子漸漸長大了，許多做家長的卻還是使用這種慣用伎倆，以表達對孩子的同情，例如他們會說：「都是這次月考題目出得太難，所以才讓你考的不好。」或是，「都是那個小華太野，才會讓你跟他吵架。」像這種只是一味不斷地安慰孩子，卻沒有爲他分析問題癥結，以及沒有給他正確且實用的建議，就會讓他更樂於把問題丟出來，讓父母爲他解決，這種同情方式，不能給孩子積極的幫助，卻反而害了他。

當孩子遭遇困難時，父母應該仔細聆聽，爲孩子分析問題癥結之所在，也可以站在孩子的立場，設身處地設想對孩子所造成問題的難度，而這種對孩子所遭遇的問題的感同身受，就是一種同情的態度，有時甚至不必急著爲孩子找出解決的方法，就可以讓孩子感到被諒解、被接受，進行有勇氣與信心去克服難題。

我們可以對傷心受挫的孩子說：「讓我們來想想看，這條路爲什麼走不通？是否還有什麼其他的出路。」而不是安慰他說：「我知道你還小，所以做得不好，沒關係，我不會責怪你的。」

唯有適當的同情，才能夠激發孩子的信心；濫用同情，則反而讓孩子失去面對挫折的勇氣。

十：不必爲孩子背十字架

我最害怕與最痛恨我兒子的疾病，不是發燒而是咳嗽，雖然說發燒的危險性應該高於咳嗽。但是發燒是默默的在燒，咳嗽卻是一聲聲的魔音穿腦。

我兒子咳嗽起來眞可以用「前仆後繼、不遺餘力」來形容，前仆後繼是指兩次咳嗽間距離之短，不遺餘力是指咳的賣力，要連咳五聲，絕不會只咳四聲就草草結束。

代子女受苦 天下父母心

那種咳嗽聲對我來說，眞是錐心刺骨，他的肺在震動，我的心在淌血。天哪，我是多麼希望能夠替代他咳嗽。

我絕對相信，他對於我劇烈的咳嗽雖然不至於無動於衷，但絕對不至於感同身受。他咳嗽，他承受生理的痛苦，我承受心理的痛苦，如果是我咳嗽，生理、心理的痛苦都可以由我承擔。

但是如果眞的能由他來感染、我來生病的話，我又會遲疑了。他會感染，當然是不聽我的耳提面命，不因天氣轉冷而加衣服。如果我能代他生病，他可能永遠學不會視溫度而增減衣服。

唯有一次次的因少穿衣服、而感冒、而生病、而痛苦，才會讓孩子學會視溫度而增減衣服。能夠爲自己的行爲承受後果，就是成爲成人的必備要件。我們都必須要承擔自己行爲的後果，我們的孩子也必須要能如此，因爲不論早晚，他們都必須要承擔自己行爲的後果。

做父母的人都不願意看到孩子跌倒，尤其是看到孩子跌得鼻青臉腫，爲人父母者心裡的疼痛比孩子還要多好幾倍；當孩子漸漸長大時，遭遇到任何挫折，做父母的同樣十分傷心難過，恨不得能替孩子受苦、受罪。

像基督耶穌一樣，爲人類的罪惡背十字架的，恐怕只有爲人父母者了，而在「愛的教育」至上的今天，這一類父母的數量絕對相當可觀。然而具有像耶穌這種爲人背十字架的偉大情操，對於教養子女是利是弊？實在值得深思。

人生不如意　十常八九

許多父母都認爲挫折對孩子有害，所以要盡全力的保護、照顧孩子，事前盡力防止孩子受到挫折，萬一孩子受到挫折，就千方百計的爲孩子發生挫折的原因找出脫罪的理由，不論是不是硬拗，不論孩子之所以會受到挫折，是多麼的罪有應得。

我們常常會聽到孩子在等待大眾運輸工具時，每隔不到一分鐘就問父母一次，「爲什麼還不來？」或是「還有多久會來？」這是因爲許多父母對孩子的付出不但要質量並重，還要即時，無論如何都不能讓孩子等待，所以孩子不懂什麼叫等待，而等待是人生中必經的過程。因此，孩子變得愈來愈需索無度、驕縱任性、不知感激，父母反而感受到只有付出沒有回報的挫折。

「人生不如意事，十常八九」，挫折是人生的重要課題，在眞正的成人世界中，沒有人能夠永遠一帆風順，不必面對挫折。這是一個恆常的簡單道理，但是，很少人能心平氣和地接受，以致於面臨挫折時，感受到無窮盡的痛苦，許多人甚至無法忍受，因而做出過度激烈的反應，變得心灰意冷，從此失去鬥志，更有甚者，變得精神失常、蔑視自己、輕生等等。

有人曾經說過，台灣學校的教育體制中，欠缺「挫折教育」，也就是說，我們的教育體制傳達給孩子的信念是「只許成功，不許失敗」，我們只有教導孩子如何爭取成功，卻沒有教導孩子如何面對挫折；永遠都是讚美勝利者，卻從不憐憫失敗者；從來都是歌詠人生的光明面，卻沒有教孩子也會去看黑暗面。

適度的挫折　才能有作爲

在我成長的路程中，遇到許多缺乏「挫折教育」的人，他們往往在學校是品學兼優的一流學生，但踏入社會之後，卻往往因爲小小的失敗而痛苦不堪，有些人甚至一直沈湎在過去學生時代的風光之中，而不能適應現實的社會之中，充滿許多橫逆，結果後來的表現反而不如一些成績平平的昔日同窗。

我甚至認爲，我個性平和與樂觀開朗的人格特質，正是養成於我不是品學兼優的好學生——當然也不是品學皆劣的壞學生——求學過程也並不是一帆風順。

我不但認爲台灣的學校教育環境缺乏「挫折教育」，而且更認爲，在許多家庭當中，更是嚴重欠缺，因爲父母對子女不只是設法提供最好的，而且還要處處保護他們，務使他們不受任何困頓。在這種教育環境下長大的孩子，若是處在順境，或許就能積極有爲，鬥志旺盛，但是一旦遭逢困境，就立刻垂頭喪氣，也就是忍受挫折的能力很差。

古人教育子女以嚴厲爲上，子女若做錯事，即使是小事，也要接受嚴厲的處罰，因爲他們必須學會爲自己的行爲負責，今人對於這種教育理念卻不屑一顧，認爲古人因爲不懂得現代心理學，不了解嚴厲的教育會傷害子女的身心。

但是懂得現代心理學的現代父母，對子女寵愛有加的結果，眞能造就出更優秀的下一代嗎？不幸得很，他們不只是不能忍受挫折而已，而且還往往跋扈自私，不但不能爲自己的行爲負責，甚至還要把自己的過失推到別人，或外在環境的上面，亦即所謂的「怨天尤人」了。

像這樣推諉責任、又不能面對挫折的人算是心理健康嗎？他們還不如那些能忍辱負重，不論遭受何種逆境，都能安之若素的人。

適量的挫折對孩子是有益無害的，因爲在成人的世界中，挫折感是常常揮之不去的：我們因自己的能力有限而產生挫折感，因外在環境不能夠配合自己而產生挫折感；而我們也因爲挫折感的頻頻出現，學會容忍挫折，並且學會以堅忍不拔的精神，克服挫折。這種遭遇挫折、接受挫折、克服挫折的過程，就是追求成功的過程。

硬生生學習　不是害孩子

一位母親請教一位教育專家：「怎樣才能讓她六歲大的孩子隨時把鞋帶繫好？」這位專家反問她：「爲何一定要孩子隨時把鞋帶繫好？」她回答很簡單，「就是擔心孩子不做好這件事，可能會因此絆倒，而就可能跌跤受傷。」

這位教育專家給母親的建議是：「何必擔心他跌倒，甚至，就讓他跌得鼻青臉腫吧！」

這位教育專家就是約翰・洛斯門(John K. Rosemond)，他曾經迷信各種新派的兒童教育理論，遍讀坊間所有該讀的書，根據所謂的專家的忠告來教育子女，後來發現那些方法實際用在教育自己兩個子女身上卻行不通，因此決定用自己的方法來教育孩子，也就是回歸傳統、以常識爲主的信念，因爲他的堅持及努力，他成爲一個另類「教育專家」。

約翰・洛斯門告訴那位憂心忡忡的母親說：「就讓孩子的鞋帶鬆著，讓他用硬生生的方法去學習。」

「硬生生的方法」，是約翰・洛斯門的老爸經常告誡他的一句話，「因爲有些事就是沒有辦法教，因此，必須像其他人一樣，用硬生生的方法學習。」

「硬生生的方法」實在是教育子女的一句至理名言，但是恐怕許多爲人父母者做不到，因爲他們認爲，若是明明可以攔阻孩子跌倒，可以事前預防，卻眼睜睜地看著他跌倒，豈不是太狠心，而且也不夠負責任！

兒孫自有福　何必太操心

然而，爲人父母不可能一輩子陪伴在子女身旁，永遠爲他們設法預先排除所有的障礙，好讓他們的路途永遠平坦。如果想不通這一層，那麼只有一輩子爲子女操心不已，而做子女的，更會失去許多自我學習成長的機會，而且也永遠學不會爲自己的行爲負責。

有一天，一位朋友心情很不好地向我們夫妻抱怨，她的兒子自從升上中學以後，在學校幾乎沒有交到什麼朋友，她很擔心兒子會因此感到孤單，並對他的心理產生不良作用；她到處打聽，是否兒子的導師不夠好，因此沒有注意到她孩子的交友問題；她愈談愈焦慮，甚至打算要替孩子轉學，以便爲他創造一個交朋友的機會。

她先生也同時在聽她訴苦，卻一副無所謂的表情說：「哎呀，兒孫自有兒孫福，你何必操那麼多心？更何況兒子也沒有因此抱怨什麼。」

這位先生的說法實在很有道理，他並非不愛孩子，但是，他覺得孩子應該爲自己的行爲負責；而這位太太的反應，就是典型的緊張大師，她想要處處保護孩子，把孩子的問題硬往自己身上攬，還要設法替孩子解決問題，結果孩子受到失去接受考驗，以及接受處理自己問題的能力。

其實像這位過度焦慮型的母親所在多有，他們對於孩子的一舉一動都十分關切，把孩子的成敗看得比什麼都重要，並視孩子的好壞爲個人自身的成敗，換句話說，他們扛起了屬於孩子應該扛的責任，因而剝奪了孩子成長學習的機會。

更有甚者，由於他們的過度保護、過度安排，刻意讓孩子成爲「溫室中的花朵」，嚴格來說應該是「溫室中的雜草」，因爲父母過度保護孩子的本意，是在於給孩子不受挫折的環境，從而造就出優秀的孩子，但是卻造就出並不優秀且自私自利的孩子，這實在不能稱爲花朵，稱之爲溫室中的雜草還比較切合實際，結果造就了孩子失去了從挫折中學習的機會。

約翰．洛斯門認爲，幾乎各類型的學習，都是隨著嘗試錯誤而來的，一個人唯有在犯了錯誤之後，才知道什麼行得通，什麼行不通；因此，做父母的，如果一再地爲子女預防錯誤的發生，也就等於妨礙子女學習的機會。約翰・洛斯門以自己的親身體驗爲例就說過：「我生命中有一些最有價值的教訓，就是用跌得鼻青臉腫的方式學會的。」

不只是挫折是孩子學習的機會，孩子犯錯的時候，也提供一個成長的機會，只是，重點是他是否學會如何去爲自己做錯的事扛起責任。

犯錯需受罰　良心才能安

有一個關於兩個孩子的笑話，其中一個因爲不小心把另一個打傷了，於是他向那個因爲被打傷而傷心哭泣的陪罪，結果受傷的孩子說：「道歉也沒有用，我還是好痛喔！」

在孩子的眼裏，有時候道歉、陪罪眞的沒有什麼用處，因爲「彌補」不了什麼。但是在眞實的世界裏，陪罪是有彌補作用的，至少是心理上的安慰，不論是對於犯錯的人，或是對於受到傷害的一方，因爲犯錯的人可以得到良心的慰

我認為該罰他跳火圈！！
可是我覺得滾釘板比較酷耶！！

藉，受到傷害的一方，也可以得到心理上的補償。

現代心理學相信，一個人做錯事，他就應該爲此感到不安，也必須盡一切努力糾正錯誤，這就是一個人良心發展的由來，也因此孩子在犯錯時，父母必須給他們適度的責備或處罰，並且要他們爲錯誤行爲的後果負責，才能使他們感覺到紓解，否則，就會造成他們內心更大的不安。

但是現代的父母，常常是那個爲錯誤後果感到良心不安、並且力圖挽救的人，至於犯錯的「現行犯」卻反而一副事不關己的樣子。例如孩子因爲不用功讀書，結果考試成績不佳，做父母的因此十分難過，甚至認爲自己督導不周，孩子卻跟沒事人一樣；又例如，孩子在外頭與人吵架了，做父母的帶頭去陪不是，結果都是父母在陪罪，孩子卻不開金口，或是心不甘、情不願地向人道歉了，卻表現出一副比受害者還委屈的神情，彷彿他才是受害者。

孩子必須要學習自己解決問題，尤其是有些問題是孩子做錯事而引起的，如果父母一心一意要爲孩子背十字架，那麼孩子永遠也不會有眞正長大的一天。

十一：孩子需要壓力

台灣部隊裏有句口號：「合理的要求是訓練，不合理的要求是磨練。」當年我對這個口號沒有什麼好感，現在當起爸爸了，卻發現它的可愛之處。

當年的小兵認爲，既然是不合理的要求，就不該提出來，凡是人就不應該受到不合理的要求與對待。

現在的我認爲，世界上本來就必然存在許多不合理的現象，我們都在被其他人不合理的要求著，我們也不合理的要求著別人，而我們的孩子長大之後，也必然受到別人不合理的要求，而他們也會對別人做出不合理的要求，這就是世界，就是人生，眞實殘酷而又美麗多采。

孩子要訓練　更需要磨練

孩子需要訓練，更需要磨練。但是，我看今天許多做父母的人，不但不捨得磨練孩子，連訓練孩子都不願意做，或是就算肯做，卻常感到力不從心。

其實在部隊裏，不管是合理或不合理，不管是訓練還是磨練，招數都很多，只要執行徹底，效果都很好，阿兵哥也沒有二話可說，反正統統都是命令，一律都要服從，不服從就軍法伺候。因此一個好的部隊裏，紀律好、士氣高，不會有紀律散漫，而士氣高昂的部隊。

但是在一個家庭裡面，現在若根據教育專家的意見，就只能講民主自由，不可以講專制權威。因此，所有家長對子女的要求都必須合理合情，必須經過家庭會議，必須讓孩子心服口服地接受（這是根本不可能存在的，你曾經全然心服口服的接受過父母、師長、配偶、上司、同事，甚至是部屬的要求過嗎？如果答案是否定的，你的孩子也沒有可能全然心服口服接受你的要求），就算是想要施行合理的訓練，例如訓練孩子做點家事、讀點好書，卻也可能遭致異議，若父母一味逕行，就變成是不合理的要求，子女就要鬧個沒完沒了。

結果到最後，父母不敢對子女有什麼要求——即使是合理的要求——至於不合理的要求，那更是絕無僅有。其實，現在很多父母只要一聽到子女對他們抗議：「要求不合理」，他們不但馬上心軟，甚至早就嚇得手腳發軟。他們心想：「與其要求子女，不如要求自己算了。」

子女愈長大　愈是會抗議

我的生活週遭，就充滿著許多這一類型的父母，在子女年幼時，沒有好好的訓練子女，凡事都爲孩子做得盡善盡美，等到孩子大一點了，才發現老是叫不動，但是後悔已經嫌遲。因爲子女沒有養成良好的生活自理能力，依賴別人的習性卻已經坐大，而子女愈長大，愈是會抗議，只要叫他們做一點小事、動一根指頭，都會遭來他們大聲的抗議，要不就是擺張臭臉，最後雖然自己心不甘情不願的，卻還是只好「事必躬親」。

另外有些父母則是自己本身手腳俐落、動作靈敏，甚至還有些性子比較急，看不順眼子女動作太慢或太笨拙，因此凡是自己可以動手做的事，就全部自己完成，絕不偏勞子女。

我常常感慨，今天台灣社會的孩子多是豐衣足食，享盡父母的疼愛，卻一個個「四體不勤，五穀不分」。爲什麼許多父母不能把他們勤快又能幹的美德遺傳給下一代呢？恐怕是出於現代的父母對孩子都太無所求了，也都太相信對孩子要求太多，就會帶給他們壓力，而這將妨礙他們健康快樂的成長吧。

其實每個人都需要適度的壓力，孩子也是一樣，如果一味對子女「無怨無悔」的付出，將來一旦對他們有一點點要求，他們都會擺出「又怨又悔」的姿態來回報。

人生的壓力　處處都存在

想想看我們自己有沒有在冬天下雨的早晨不想上班，有沒有打算將最難辦的一件公文拖到第二天才處理，學電腦倉頡輸入法的時候有沒有想要放棄，還暗暗下定決心終生當電腦文盲。然而我們終究沒有如願，我們還是一身溼冷的出現在辦公室，咬著牙在下班前把公文處理好，「左手讓你」一小時還是可以輸入二千字。爲什麼我們做到了？因爲壓力。過大的壓力會摧毀人，但完全沒有壓力會使人懶散且一事無成。

成人面對的壓力是無所不在的，工作壓力、經濟壓力、家庭壓力，就連每天爆炸的知識與資訊，也是壓力，壓得人透不過氣來。

要生存，就要有抗壓的能耐。

畫畫、堆積木、繫鞋帶、用筷子、騎自行車、學寫國字、背九九乘法表……那一樣不會讓孩子遇到瓶頸、挫折？這時候，做父母的該怎麼辦？安慰他、隨他繼續與否？還是鼓勵他、勉強他、施點壓力？由山窮水盡疑無路，到柳暗花明又一村的中間那一段路，就是承受壓力。克服了挫折、突破了瓶頸，孩子不但自信十足而且還更能夠享受學習的樂趣。

現代許多育兒專家認爲，孩童的任何學習必須有趣，這包括孩童的學習意願，還有整個學習的過程，才能有良好的效果，否則孩童將抗拒學習，或是學習效果事倍功半。

基本上，我承認學習興趣的理論，但是卻反對過度注重所謂的興趣，使學習的態度及過程變得率性、隨便。事實上，孩童在學習的過程中，必須經常反覆不斷地練習，而這往往是枯燥的，而愈是年幼的孩子，耐心愈是有限，但是父母不能因此就放棄要求他們持續下去，這時候，最需要的是父母的耐心與信心，忍受他們做得不夠好的事實，並相信他們可以一再的練習、一再的犯錯、一再的做得不夠完美，經過反覆練習的過程，而臻於盡善盡美。

給孩子方便　孩子就隨便

當孩子的學習遭遇瓶頸時，父母所能做的最好的事，就是給予一些指示及忠告；其次，就是等待了——等待孩子自己把事情做到完善的地步；而最糟糕的事情，莫過於做父母的允許孩子半途而廢，其次，就是順手就替他們完成任務。

允許孩子半途而廢，或是順手替孩子做他們該做的事，無非是認爲孩子年幼，因此額外給他們一些方

你是我老爸？怎麼從來沒見過？

便，但是常常給孩子方便的結果，就是孩子處事變得很隨便，因爲他們知道，只要自己不樂意完成的事情，總會有人替他收拾善後。而一個人一旦養成這種習性，不但自己的生活能力降低，更必然會經常麻煩別人，更壞的是，會養成處處依賴別人的習慣。

這種孩子可能每天由父母叫起床，在半睡眠狀態下由父母幫他穿好衣服，再爲他刷牙洗臉。

這種孩子通常有選擇性的失憶：他會忘記收拾房間、忘記倒垃圾、忘記準時由朋友家回來；但是他不會忘記他喜歡的卡通片的播放時間、不會忘記你曾經說過要買什麼給他、帶他去那裡玩。

像這一類生活隨意、行爲任性的孩子，其實都是父母不肯用心要求的結果，針砭之道，就是要對子女認眞的要求，不管是合理的、不合理的，都必須要求子女接受——對於一個不習慣接受訓練的孩子而言，所有的要求可能都是不合理的，像這樣的孩子，做父母最好就是送「合理的要求是訓練，不合理的要求是磨練」這句話給孩子，做爲他們生活勵志的座右銘。

給自己施壓 訓練才成功

最後，我要提醒父母的是，不論是訓練子女或是磨練子女，絕不是一個輕鬆的任務，是父母必須給自己施壓才能完成的功課，因爲很多時候，看著子女做事情做得不好，父母都會有一股忍不住的衝動想要替子女把事情做好，特別是年幼可愛的子女，連我自己也有這種毛病，甚至常在不經意間，一犯再犯。

事實上，訓練子女的過程，往往就是磨練父母的心志及耐力，至於訓練子女的方法，則牽涉到爲人父母的經驗與智慧，這的確不是一件簡單的功課，但是做父母的卻不可逃避，也就是說父母應該自我要求如何好好訓練子女。

十二：不要給孩子太多

豐衣足食是台灣社會的現狀，即使是我們這一代於戰後出生成長的爲人父母者，並沒有忍受過上一代那種物質極度匱乏的生活，但是卻還是拚命要給孩子更多，無論是物質的、精神的，總是認爲別人有的，自己孩子一定也要有最好的，而且自己孩子還該有一些別的孩子所沒有的。

擁有太多　卻不快樂

我兒子在十歲的時候，認識了一位家境富裕的同學，父母給他的玩具、書籍數量都非常可觀，光是電動玩具的遊戲光碟，他自己一個人就有上百種，還尚未包括妹妹的；至於各式各樣的漫畫書，更是超過上千本，足以傲視漫畫出租店及電動玩具店。

照理說，這樣的小孩應該很滿足、很快樂才對，而且，至少他也會因爲自己家裡充滿各種娛樂消遣配備，而喜歡待在家裡才對。可是，事實恰好相反，這個孩子並不喜歡待在家裡，因爲他覺得待在家裡好無聊，他說：「家裡沒有什麼好玩的。」因此常常往別人家裡跑。

爲什麼家裡的玩具、書籍應有盡有，他卻還常覺得無聊呢？這個問題，光是我那十歲的兒子就已經觀察出來，並且得到答案：「因爲他每一種遊戲都玩不好，都破不了關，所以玩不了好久，他就不玩了。」

我兒子只有不到十片的遊戲光碟，其中他主動要求購買的有四片，其他的是我們認爲他有的實在太少了，而在我們的引誘下購買的（主動帶他去買，而且問他要不要這片，要不要那片）。

後來我發現，這位富家公子的口頭禪就是：「好無聊」。不但他常常在喊無聊，老是難以滿足，連他的母親也對他很不滿。她最不滿的就是，爲什麼兒子要有那麼多玩具，此外，她還痛恨兒子看漫畫書。

「都是那些漫畫、電動遊戲害了他，所以他老是不用功，功課也就不好。」這位媽媽向我們夫婦埋怨。

我實在想不通，既然她對兒子成千上百的漫畫及電動玩具深惡痛絕，爲何還會買給他呢？

這位媽媽充滿無奈及無辜的神情說：「都是孩子的爺爺及爸爸買的。」

這可眞是一道家庭難題，但是也不至於無解。在我看來，解決的方法很簡單，首先是與孩子的祖父及父親好好溝通，讓他們不再輕易地買東西給小孩；其次，她要拿出壯士斷腕的決心，把那些她痛恨的電動遊戲、漫畫書全部丟掉，或者捐贈、送人都可以，就是不要再保留在家裡了。

減量玩耍　才易精通

或許有人會覺得把成千上百的漫畫書、玩具都丟掉太可惜了，我卻不這麼認爲。要不然就是同一時間只准在現有漫畫書、玩具中挑出十分之一供選擇，其他的十分之九只准放在箱子裡，收在儲藏室。試試看，孩子無聊度一定會大爲降低。

選擇性小，才容易精讀、細玩，如此才能讀出興趣玩出創意，自然也就不會無聊了。

想想看，二千年前的孟母，只因爲孟子翹課回家，孟母當機立斷，就把一匹即將織好的絹布剪斷，以她家境的窮困，以及古代的物質匱乏之景況，那匹布的價值恐怕與電動、漫畫書也相差不遠，說不定還更珍貴些。

這個爲了孩子一心向學而三次搬家的孟母，一再地以具有宣示性意義的實際行動顯示：教育孩子，必須要有果決的判斷力，以及強烈執行力；一味地埋怨，根本解決不了什麼問題。

孟母的故事常常給我許多啓示，她是一位沒有讀過許多書的寡婦——更

連這都要抗議？算了！我決定轉到大陸去開公司了！！
反對不合理加薪
抗議!
拒絕加薪!!

別提讀過什麼教育子女書刊了——爲什麼有辦法教育出一個聖人兒子呢？

我相信，她給兒子的並不多，但是，她要孟子向上的決心卻很堅強。

我想到我的一個朋友，他用「Beat the Game」來決定是否答應兒子買新的電動或電腦遊戲帶，也就是說，在兒子未能精通一種遊戲之前，他不會買新的遊戲帶。我這位朋友兒子玩電動或電腦遊戲的能力高超，雖然他被限制只有在週末、假日才能玩電動及電腦遊戲，而且每次玩的時間不得超過兩個小時。

對於能夠精通數種電玩的高手，我一向很訝異，因爲，我是連一個電玩也無法beat的人；對於那個擁有上百片電玩的小孩，我更是感到好奇，他究竟有幾個腦筋？竟然能玩好那麼多的電玩！

記得在踏入那位富家子弟的屋子時，我與太太被琳琅滿目的玩具、書刊給看得目瞪口呆，除了孩子的房間之外，他的玩具已經放置在屋子裏的各個角落，包括客廳、飯廳、廚房等地。我們夫婦忍不住對那位母親說：「爲什麼你們要給孩子買那麼多的東西呢？」

「也沒有特別多啦！反正，就是別的小孩有的，我們也不能沒有而已。」孩子的母親很稀鬆平常的說。

後來，她卻又一再地埋怨家裡充塞著孩子的玩具，而無法有寬敞的空間。

不勞而獲　無法知足

現代的父母普遍捨得爲孩子花錢，自己的物質慾望或許可以被壓抑，孩子想要的東西卻儘可能要滿足他；父母想要滿足自己物質需求的一小部分，就要靠辛勤的工作，孩子想要滿足自己大部分的物質需求，卻只要靠要求、指使、嘮叨、哭鬧。無形之中，孩子被教育有些事是可以不勞而獲的。

但是不勞而獲的東西卻往往不會帶給孩子快樂，或許只是短暫的滿足，因爲「物以稀爲貴」，這是恆常眞理，東西太容易得到手，就無法正視那樣東西的價值。

此外，太輕易就獲得禮物的孩子，常常不能知足，他甚至無法眞正享受滿足的樂趣，他總是很快就喜新厭舊，他的心永遠望向下一個目標。

被各式各樣玩具圍繞的孩子，還會產生另外一種不足，就是創造力及幻想力不足，特別是他們得到的是設計精美、會動、會叫有聲光色彩刺激之類的電動玩具，舉凡是設計愈複雜的玩具，就反而愈無法激發孩子的想像空間。

我常常懷念自己小時候，只有幾樣小玩具，卻總是把它們當寶貝，一玩再玩，似乎永遠也不厭倦，玩法總是一再翻新，而且，甚至與這幾樣玩具產生深厚的感情，即使玩具已經破舊不堪，也捨不得丟棄。

但是，如今有哪一個小孩會那麼在乎自己的舊玩具呢？迪士尼電影公司連拍了兩部〈玩具總動員〉（Toy's Story Ｉ＆ＩＩ），就是透過玩具的眼光，去描述現代孩子對玩具喜新厭舊、毫不戀棧的心態。

這兩部卡通電影都十分賣座，原因不只是動畫好看、故事精彩而已，其內容所陳述現代孩子的心態也很能受到一般人的認同吧。

不能珍惜物質的孩子，除了會養成浪費的習慣之外，而且也會缺乏深刻的感情，就像〈玩具總動員〉這部電影所透露的訊息一般。對於這樣的孩子的行爲及性格的養成，父母實在要負很大的責任。

維他命N克制慾望

我覺得，現代父母對孩子的需求，與其給得太多，不如少給一些，有些現代的兒童教育專家建議父母給孩子吃「維他命N」，就是要對孩子說「NO」。「維他命N」可以用在各個方面，而不是只有孩子有非分、過度的需求時，而且也可以用在食物供給上，特別是少給孩子吃糖，有害健康及牙齒；孩子行為不當的時候，更是要趕緊給他一粒「維他命N」吃，如果是行為太過分，那麼，這粒「維他命N」的劑量還要加重才行。

就像我在孩子四歲之前就告訴他：「不要說你的爸爸不是一個很有錢的人，就算你的爸爸是億萬富翁，也不會滿足你所有的需求，不會買所有的玩具給你，因爲不論你或是任何小孩，都不需要所有的玩具。」，多告訴孩子幾遍，他就能懂、就能接受。這比你每一次拒絕他購買玩具的要求要容易得多。

孩子遭受到父母的拒絕，或許會感受到一點挫折，但是學習面對挫折是人生的必要歷程，人生無法事事如願，就像是人的慾望無窮，永遠也無法填滿，孩子必須學會必須克制自己的慾望，才會懂得「知足常樂」的道理。

魔鬼奶爸基本教練

一：生活自理

成長中的孩子最不喜歡父母親在一旁嘮哩嘮叨，每天不停地提醒他做這、做那，而身爲父母的人，其實也討厭自己扮演這種角色。

但是很不幸的，孩子老是丟三落四，生活作息無法良好掌控，而父母親只好一而再、再而三地爲他們收拾善後的現象，在許多家庭中卻是不斷重演。

從小培養良好生活作息

讓孩子養成良好生活作息，是每個做父母的心願，也是一個看起來再稀鬆平常不過的期望而已，不過卻不易達成。

爲人父母者把這種現象歸之爲孩子小、執行能力有限所致，同時又視此爲親子教養的挑戰，認爲自己必須要有耐心，忍受子女的缺失，或是認爲自己本來就應該有責任照顧子女的生活起居，並務求其盡善盡美。

然而，子女不能建立良好的生活習慣，果眞是因爲年齡尚小所致？亦或是父母做的還不夠多、不夠好？

事實上，一個不能獨立處理生活起居的孩子，不論其父母爲他們做的再多、再好，他們也永遠嫌不夠，因爲這樣的孩子依賴性很重，而且不能對自己的行爲負責。

現代西方人認爲教養子女最重要的目標之一，就是訓練他們能獨立自主，而且是愈早愈好。這是一種非常實際的理想觀念，比起「養兒防老」的中國育兒觀，更能表現父母親無私的慈愛。

一個能夠獨立自主的人，不會是社會的負擔，更不會是任何人的負擔，而且父母也省得爲他們操一輩子的心。

獨立自主的三個階段

獨立自主分包含三個層次，依次是生活獨立、精神獨立，以及經濟獨立。

訓練子女獨立自主的能力必須及早開始，在子女年幼時，就開始培養其生活獨立的能力，亦即有辦法處理自己生活上的一切事務，從吃飯、穿衣、洗澡、入廁、睡覺，到上學、讀書、學習、交友等，舉凡一個孩童生活上所面臨的種種細節，父母親應該按部就班地加以訓練，務使其早日脫離對雙親的依賴。

一個孩子能夠漸漸養成單獨處理生活周遭事務的能力，其精神上的獨立自主意識也才會逐步成長。亦即除了能有效掌握自己的生活步調，規劃生活內容之外，能夠進一步做到控制自己的情緒，即不糾纏、不依賴，自己做事，自己負責到底。

而唯有生活能獨當一面，而且又具有獨立的精神，才有進一步自力更生，在經濟上自己自足，達到不必仰賴父母供給的經濟獨立階段。

教導孩子處理生活細節看似一件小事，但是學問卻很大，爲人父母者不應掉以輕心，尤其當孩子年幼時，就應該用心規劃，並逐步實施在成長中的孩子身上。

上學是訓練獨立的分水嶺

孩子開始離開家庭，去幼稚園上課的時間，就是開始培養孩子建立自理生活的重要階段，例如像定時起床、刷牙、洗臉、如廁、穿衣、穿鞋，到入浴、定時上床睡覺等，這些日常生活應該教導幼兒自己操作，並多加練習，直至熟練，並且養成習慣爲止。

到了孩子上小學的階段，是孩子正式踏入小小的社會交際圈的第一步，他們所面臨的問題將會很多，例如課業學習就是最大的一個，而要能夠有優良學業表現，除了應具備良好的學習態度及讀書習慣外，還要有充沛的精神及體力，而這些均賴正常良好的生活作息。

從孩子上小學的第一天開始，父母親就要有爲孩子建立一套有系統的生活準則的心理準備，並且協助孩子能確實執行，直到他們養成習慣，自己能夠獨力進行爲止。

培養孩子獨立自主的能力，必須是循序漸進的，亦即必須依據孩子的生理、心理的成熟發展而逐步加強，像孩子進入中、高年級之後，父母親應該給孩子更多的自主時間，以及獨立生活空間，例如孩子應該有更多的時間自在自己的房間，而不是整天膩著大人，孩子也可以邀請朋友來或是去朋友家裡玩。

小學高年級的孩子也要開始訓練做時間規劃，尤其遇到較長的國定假日，以及寒、暑假期時，他們應該學會如何做有效的時間分配，如果能夠在長的假期裏還能保持良好的生活作息，而且完全是靠自己的力量，不只是父母的督促，那麼，其獨立自理生活的能力就是爐火純青了。

〈實用手冊〉

訓練階段

學齡前幼兒

訓練內容

* 上床：定時上床睡覺，並且逐步養成自己單獨去睡覺的習慣。
* 起床：每天定時起床，而且父母親一叫就要起床，不要有賴床的壞習慣。
* 穿衣：上學前一晚臨睡前，就已經選好第二天要穿的衣服，父母親可以逐步教導孩子自己穿衣服，並把換下的睡衣摺好，放在固定取用的地方。
* 穿鞋、繫鞋帶：父母親逐步教導孩子學會自己穿鞋、繫鞋帶。
* 洗臉、刷牙：父母教導正確的洗臉刷牙方式，孩子洗完、刷完之後父母要檢查，做不徹底一定要重做。
* 上廁所：要求孩子關門而不鎖門，完畢後記得沖水，並讓孩子養成定時大號習慣：避免在外因要大號而緊張。
* 用餐：讓孩子自己盛飯，擺碗筷，收拾餐具。

訓練目標

當孩子開始上幼稚園時，就要逐步為建立其良好生活作習而努力，並且透過有效的訓練，以及反覆的練習，使其熟能生巧，並逐步養成習慣。這個年齡層的孩子在幼稚園裏，也正開始學習正確、安全的基本生活習慣，家長可以與孩子的幼稚園老師多接觸，了解孩子的學習狀況，並在家裡督促其執行。

幼稚園孩子因為年紀幼小，學習及執行能力都還有待加強，家長必須一再地從旁協助，但是切記，必須放手讓孩子自己做，即使做得不好，且又耗費較多時間，但是無論如何，家長都應該給孩子時間，唯有反覆練習，技巧才能精進。

〈實用手冊〉

訓練階段

小學低年級

訓練內容

＊起床：給孩子專屬的鬧鐘，並教他設定時間。只有在鬧鐘響完了，孩子還不起床，父母才去叫他。叫不起來，提醒他當天有什麼好玩的事，而不是強拉他起床。

＊穿衣、穿鞋：孩子自己準備好上學要穿的衣物，讓孩子自己穿。換下的睡衣摺好，放在固定取用的地方。

＊個人衛生：洗臉、刷牙、梳頭髮、上廁所等個人清潔事項，應在起床後自己單獨完成，而不是父母親一再提醒，或從旁監督才能進行。

＊剪指甲、洗澡：養成每天固定洗澡清潔的習慣，同時逐步學會修剪指甲。

＊收拾書包：讓孩子養成上學的前一天晚上就收拾好書包，仔細檢查需要攜帶的文具用品等，而不要等到第二天早上才匆忙準備。孩子如果忘了帶任何東西去學校，父母親也不必急著去替他帶去，也不必擔心他是否因此被老師處罰，而是讓他受點教訓，以後才會改掉忘記帶東西去學校的壞習慣。

＊固定上學：孩子不想上學，一定有他的理由，父母應該找出理由，而不是縱容他不上學。

＊回家：告訴父母，鞋子脫下放好。書包放好，便當盒拿到洗碗槽。

＊做功課：養成固定做功課的習慣，最好與孩子一起商量一個最好的做功課時間，例如回家之後，可以略為休息，吃點心、看電視，之後，再開始寫作業、複習或預習功課等。父母可以一旁觀看或協助小學低年級學生做功課但是隨著其年齡增長，就應該讓他們逐步自己獨力完成。

訓練目標

當孩子開始上小學的第一天起，父母親就要立定決心讓孩子貫徹自理生活的目標，也許孩子在剛開始上學的初期，由於不適應新環境，以及陌生的事物，難免會有一些突發狀況，例如鬧情緒、不肯上學，或是無法清楚交待學校需要學生或家長配合的事項，家長應該有耐心地加以協助；但是一段時間之後，孩子就應該要設法自己去適應學校生活。

小學低年級的孩子要漸漸養成自己起床的能力，最好在學校開始教會看時鐘的課程時，父母親能夠為孩子買個鬧鐘，讓他自己操作使用。能夠自己訂鬧鐘的孩子，就能為自己準時上學負責，即使遲到了，也不會責怪別人。

不必為孩子送去他忘了帶去學校的東西，孩子才會專心聽老師的交代，記清楚聯絡簿的注意事項。

唯有孩子在體會到自己獨立處理一些事所帶來的滿足感後，才會更有自信。

整潔的外表，整齊的儀容給自己和別人的感覺都是精神奕奕。注意自己儀容的孩子也會比較注意衛生，處理物品比較仔細，寫作作業也比較乾淨俐落。雜亂無章的作業正確度一定比乾淨俐落的低。房間亂七八糟的孩子，學習態度也高明不到那裡去。

孩子的個人清潔、衛生習慣也要在這個年齡確實建立，父母親如果還再為孩子的這些生活小事而操心的話，就要趕緊加強這方面的訓練。

訓練階段

小學中、高年級。

訓練內容

* 做功課：孩子自己獨力完全，偶爾請教父母有困難的課業，最好還要養成自動自發讀書的習慣，不必父母親為孩子課業而操心。
* 交友、外出：告知父母朋友姓名、地址、時間，獲得准許後準時回來。時間要精確到幾點幾分，不能以太陽下山前，晚飯前等粗略字眼帶過。
* 作息時間分配：自己控制時間，掌握行程，有成果，榮譽歸於自己。犯錯誤，後果也歸於自己。

訓練目標

這個階段的孩子應該已經具備各方面自理生活的能力，父母親扮演的角色如同「值星官」，亦即檢查孩子自己打理生活細節的狀況，孩子做的好就鼓勵，做的不好，給予適度提醒，但不必太過操心，更不必自責，無論結果好壞，就讓孩子自己去承擔。

每個孩子在成長的過程中，都需要嚐試失敗、挫折的感覺。不少父母在預見孩子做某些事會不會做、有困難、做不完美時，就會主動的跳出來代替孩子做，問題是父母都代他做了，父母也沒教他怎麼做，也沒要求他做。這種情況該怪誰？只有怪父母自己沒有及早放手讓孩子自己去做。

孩子能有「自己的事情自己做」的習慣，才可能培養責任感和獨立性，才能培養未來主動積極學習的態度，而孩子的優良表現是在為自己負責，並不是為了要取悅父母，尤其是學校生活的比重在小學中、高年級孩子的世界裡，已經愈來愈重，而這也是父母愈來愈難以介入的世界，父母親對於孩子悠遊於自己的世界裏，應該樂觀其成才對。

二：日常禮貌

現在這一代的孩子愈來愈不懂禮貌了，這簡直是社會大眾的一個共識。

遇見親友不肯請安問好、對長輩不知禮讓、別人說話就大聲插嘴、不小心擦撞到別人，不肯陪罪、獲得別人的幫助，不會道謝、用餐時，不注意餐桌禮節、吃沒吃相、坐沒坐相、站沒站相……諸如此類的事情，眞是一大籮筐。

現在的孩子實在是無禮的一代！

不知禮儀是今日社會普遍現象

爲什麼現在這一代的孩子這麼欠缺禮貌？

要責怪孩子之前，先想想咱們身爲父母親的自己吧！孩子的行爲往往就是父母的一面鏡子，有無禮的孩子，恐怕就是從大人那裡學來的，否則，就是大人教導得不夠週到了。

孩子沒有禮貌，身爲父母者責無旁貸，這不僅僅是父母不注重禮節教育之故，此外，還有很大的一部分因素是縱容及溺愛孩子所造成。

可惜的是，許多父母卻並未注意到這個問題的嚴重性。

不論在公、私場合，我們都很容易看到當眾耍賴、撒野的無禮小孩，而孩子的父母卻莫可奈何，不知道該拿孩子怎麼辦；有的父母則是根本視若無睹，一副事不關己的神態；更有甚者，是把孩子的粗魯當純眞、把調皮當可愛，這類的父母才眞是令人絕倒。

孩子不知禮節，也不能全怪父母，因爲今日孩子所要面對的不是只有家庭而已，而是整個社會，而我們也都看到了社會這個大環境並不理想，風氣敗壞、政令無常、亂象叢生、學校教育不當等，在在都對成長中的孩童產生不良影響。

對於那些因爲孩子的無禮而羞慚、不安的父母，我特別寄語無限同情，撇開外在環境的負面因子不談，孩子先天的個性通常也是一個重要因素，例如有些孩子天生就比較活潑好動、衝動易怒、固執己見，或是根本是極度內向害羞、傲慢自大、不服管教等等，若要他們安靜地乖乖坐好，或是要他們向人問安行禮，幾乎是要送掉半條命，難怪有些父母對於孩子的不遵守禮節，乾脆來個不聞不問，省得給自己更難堪，這種父母倒也還情有可原。

至於那種把孩子的無禮當成寶貝的父母，我就不敢苟同了，我想，這類型的父母就是要對孩子的無禮負起最大責任的人了。

中國人罵人家野孩子，最嚴重的就是罵他「沒教養」、「沒家教」，台語也有類似的罵法，叫做「欠尬細」，這在以前都是不得了的責備，因爲這已經是直指父母了。然而，在談論親子教養問題時，孩子的沒有規矩、不知禮節，父母當然也有責任，因爲父母親對於子女的教養，還是具有最直接而深遠的影響力。

身教是教導孩子禮儀的不二法門

中國人有所謂「身教重於言教」，孩子在生活上的基本禮節的養成，爲人父母者的身教最爲重要，而其重要性更遠超過一般的生活教育訓練，例如自理生活、做家事、讀書習慣、學習態度等。這是因爲禮節是與實際生活內涵息息相關的，不僅如此，禮節更是內在情緒的一種外在表現，所謂注重禮儀是指待人接物的應對進退，及至個人的坐臥行止，都恰如其分，舉止合宜，而如何能做到每一個分寸都拿捏到恰到好處？不止是要懂得察言觀色而已，最重要的是，內心必須要持有恭敬之意。

一個年幼的孩子，要教導他們在什麼場合該有什麼樣的舉止，該說些什麼樣的話，其實並不是十分容易，天性溫順的孩子或許會「行禮如儀」，按照大人的指示去行事，但是個性固執的孩子就不見得要遵從，因爲他們無法理解在這些外在客套儀式的背後是一種虔敬的心情。

禮節儀式背後的深厚內涵

禮節儀式更是一個民族文化生活內涵的總體表現，年幼的孩子卻難以理解這一層深厚的意義，他們看到的只是一般的行爲表現而已，而今天台灣又強烈受到西洋大眾通俗文化的衝擊，小孩子透過電視、電影及報章雜誌，接觸到的大都是淺俗的產物：他們沒有嚴格的長幼之分、生活很隨意自在、不必理會外人的看法，總而言之，就是沒有一大堆的繁文縟節。

不！我叫你要「獨立」
指的不是這個……

殊不知，西洋文化中的禮節之繁複絕不在素有「禮儀之邦」的中國之下，一般日常民眾生活也非常講究禮儀，社會風氣也有純樸善良之一面，但是在傳媒及流行界的偏愛介紹下，那些善良民風都鮮少看得到，倒是亂七八糟的緋聞、八卦充斥，這些對於台灣的孩子的負面影響更大。

總之，孩子是難以去理解日常禮節的背後深厚涵意，也因此，每天與孩子朝夕相處的家長，比較難以用說理的方式去教導孩子遵從，而應該要以身作則，以潛移默化的方式，使孩子學習效法。

〈實用手冊〉

訓練階段 學齡前幼兒

訓練內容

* 學習向家人請安及問候：早上起床後逢人要說：「早安」，晚上上床前要說：「晚安」，出門須向家人說：「再見」，回到家要立刻向父母報到並問好。

* 常常使用禮貌的辭彙：「請」、「謝謝」、「麻煩一下」、「對不起」等最基本的辭彙要經常使用，即使是自己親人，舉手之勞的小事，也必須以虔敬的字眼回報。

* 學習餐桌禮節：吃飯前幫忙拿碗筷、端菜飯；小孩子不可以先開動，吃飯時，注意吃相，不要東滴西漏、口水四濺、不可挑精揀肥、只吃自己愛吃的東

西，不顧及與別人分享；同時要注意吃飯的氣氛，不可大聲喧嚷、不准邊吃東西邊說話或邊玩玩具、看電視等；飯後若要先離桌，必須獲得父母同意，離桌時，必須清理自己的碗筷，並拿到洗手檯或洗碗機。

＊對人要主動打招呼：無論遇見親友、長輩，或熟識鄰人時，都要會主動向人打招呼，不要等到父母叫才開口。

訓練目標

學齡前或上幼稚園的孩子，就是教導日常禮貌的最重要階段，如果父母能隨時注意自己的言行，不必多加費心，就很容易教會孩子基本的待人接物之道，而他們一旦學會之後，在未上小學之前，幾乎也會非常喜歡，並且自然而然地將禮貌應用在日常生活之中。這也是為什麼人們常說：「愈小的小孩，愈有禮貌。」的原因。

訓練階段

小學低年級

訓練內容

＊即使是簡單的字彙，也要要求孩子把話說清楚，尤其當孩子漸漸長大時，要求他們盡量不再使用幼稚的字眼，家長本身也不要一直用幼稚的字眼與孩子

説話。

＊教導孩子在不同的場合説話、舉止要合宜：在別人家裡作客，或是有親友來訪時，小孩不可以我行我素，態度隨便；大人説話時，不可以插嘴，或在一旁叫嚷喧鬧；有事要與父母講話時，要輕聲細語，悄悄地告訴父母事情。

＊注意公共場合的禮儀：除了户外、公園或操場之外，許多公共場合，例如公車、捷運、火車內、圖書館、博物館等，都是不可奔跑嬉笑、大聲吵鬧講話，否則會干擾到別人；此外，還要注意維持公共場地的衛生，以及學習排隊的習慣，才不會爭先恐後，破壞公眾秩序。

＊與同伴、同學相處之道：即使是與同齡的朋友相處，也要懂得禮貌，不要亂開玩笑，不要以大欺小；在遊戲玩耍時，注意不要推擠、碰撞別人，如果不小心有擦撞，要立刻向人陪罪。

＊借用別人的東西，必須經過別人同意，務必要用「請」、「謝謝」等辭彙。

訓練目標

上小學後的孩子，就不要再用幼稚性的辭彙，父母本身也要注意要帶頭做起，否則孩子老是給人乳臭未乾的印象。

此外，要讓孩子學習把話説得正確、清楚，條理分明的敘説一件事情，唯有如此他才能與人有良好的溝通，這也是給人有禮貌的好印象。

除了仍必須維持家中的禮節之外，更必須學會在外面不同場合，以及與不同年齡、身分的人說話，基本上，對待親友長輩，必須要有尊敬之心，而與同齡友人相處，則要有平等之心，不可大欺小，也不可太隨便。

在公開場合也要注意維持禮貌，並遵守公眾場合的各種規定，例如維持安靜、清潔，以及排隊等等。

孩子在公眾場合的表現，最能夠看出父母教養的良窳，不注重公眾禮貌 不遵守公眾規範的孩子，往往無法受到人們的歡迎。

訓練階段

小學中、高年級

訓練內容

* 對父母及其他長輩說話不可還嘴，必須維持應有的禮貌。
* 不要伶牙利嘴、饒舌，或口無遮攔，胡說八道。
* 注意避免使用俚語、俗話，尤其是內容不雅、意思曖昧的用語。
* 不可說髒話
* 孝順父母，尊敬長輩，友愛弟妹。

訓練目標

小學中、高年級的孩子，不論從家庭中，或學校裏，已經學會各種不同的生活禮節了，也具備足夠的能力去判斷在不同場合可以做什麼事、說什麼話的能力，甚至還能夠分清楚說話的對象，使用不同的態度與辭彙。

換句話說，這個階段的孩子的辭彙及應對能力已經發展到相當的程度，其所要做的，只是要維持禮貌而已。

偏偏這個階段的孩子，卻是開始喜歡對人不禮貌，有時候是故意搗蛋或開玩笑，有時候卻是一種反叛，但這種反叛與青春期的又有不同，青春期的可能是對人完全冷淡，小學生的反叛只是為了表示「維持禮貌好無聊」而已，例如他們可能看到老師或長輩，不向前去打招呼，卻反而一溜煙跑掉；又例如在公共場合，故意大聲吵鬧，不遵守排隊次序等等。

這個年紀的孩子聚在一起，又特別喜歡互相鬥嘴，逞口舌之快，有的則是胡說八道一通，十分惹人嫌。

還有一點是他們開始學會向大人還嘴，還嘴時，有時太過激動，把所有基本禮貌都拋諸腦後，讓人氣不過。

然而，最糟糕的莫過於他們開始學會說一些時下流行的俚俗用語，有些俗話俚語內容並不雅，但是也不值得鼓勵孩子使用，以免妨礙其學習正規用語的能力；至於等而下之的俚俗用語則必須避免，家長應該教導孩子如何分辨，並明令禁止使用。

孩子使用俚語，多半只是出於好奇、好玩的心裡，甚至是說髒話，也是同樣的心態，而這些，主要都是從同學之中學來的，當然也有可能學自家裡，或是看電視等等。

凡此種種，做家長的均必須立刻加以禁止，千萬不要以為孩子只是有口無心，否則一旦養成習慣之後，日後就難以改正。

三：分擔家事

如果要說台灣今日兒童家庭教育最需要加強及改進的一環，那就是對孩子的家事訓練了。

今天台灣的兒童，幾乎都有家事豁免權，尤其是男孩子，不會做家事、也不必做家事，被認爲是天經地義的事，這實在是一種落伍的想法，會使男孩子不能從生活中去充分體認兩性平等的觀念，而且也可能導致他們日後單獨生活的危機，當然，最壞的情況時，他無法成爲一個能夠分擔家務、體貼能幹的好丈夫、好父親。

切莫忽視做家事的教育意義

父母沒有想到要訓練孩子做家事，有許多的因素，其中升學主義至上，是一個相當重要的理由，受到傳統士大夫觀念的作祟，至今許多家長還抱著「萬般皆下品，唯有讀書高」的想法，因此認爲孩子只要功課好，不會做家事有什麼關係，因爲與考上一流高中、大學這種大事相較之下，做家事純屬細微末節，根本不值得重視。

至於有些家庭則因爲家裡請傭人，所以根本不必要求子女做家事，甚至有人認爲，能讓自己的子女專心地讀書，而完全不必讓他們做家事，是疼惜子女的表示，而且也是家境高人一等的象徵。

其實，讓孩子分擔家務，具有多重教育意義，而且也不會剝奪孩子的讀書時間，因爲只要家事能力精進，技巧嫻熟，就不會花費太多時間，此外，對於孩子的學習及成長還有相輔相成的效果。

讓孩子分擔家務，最重要的教育意義，就是在於培養他們對家庭的認同感，亦即家庭的每一分子都有分擔家務的義務，即使是孩子也有權利及義務分擔，而這是培養其責任感及歸屬感的一個環節。

此外，不論是男孩、女孩，都是家庭的一份子，因此必須平等分擔家務，而且其所分擔的家務內容也不必刻意區分，例如男、女孩，都一樣可以學習燒菜、煮飯、洗衣服、縫紉、木工、庭院雜務等工作，最忌諱的就是男孩子有不做家事的特權，以及女孩子不應從事較粗重的家務工作等，這些都會妨礙孩子建立兩性平權的觀念。

讓孩子分擔家務，也可以促進親子感情，尤其是當父母與孩子一起做家事的過程中，就是最好的親子交流時間，父母應以輕鬆而愉悅的心情與子女分擔家務，其間，家長還可以趁機傳授個人的家事小技巧給子女，或是閒談一些日常瑣事，相信這是子女成長之後，最溫馨的童年回憶之一。

此外，做家事一些日常瑣事，也可以訓練孩子的多方面的能力，特別是獨立生活的能力，一個孩子能表現其嫻熟的家事技巧，也就證明其日後具有獨立生活的能力愈佳。

家事訓練，也可以引發孩子不同的才能，例如歸納、整理，以及烹調到設計及修理房屋等等。總之，家事的範圍十分廣泛，而不只侷限在掃地、洗衣、燒菜、煮飯而已，家長愈是能夠廣大訓練孩子從事各種不同的家務訓練，將愈有利開發孩子多方面的潛力。

孩子能夠分擔家務，父母應該常常加以鼓勵，使其產生成就感，而由於做家事的辛苦，才會使其體會父母對家庭的貢獻，對父母產生感恩的心。

不同年齡
施予不同家事訓練

讓孩子做家事應該愈早愈好，不同年齡層的孩子，可以分擔不同的家務，換句話說，孩子分擔家務的範圍，應該隨著年齡的增加而擴大，分擔的責任也可以加重。如果一味地以爲孩子還太小幫不上忙，就會失去訓練孩子做家事的良好時機，事實上，年紀愈小的孩子，例如四、五歲左右的孩子，就是最好訓練他們做家事的年齡，因爲此時他們對家庭的依賴感很深，對於能否獲得父母的讚美也最爲在意，此時其智能及體能開始發展出一定的能力，對於生活週遭所有事物正展現出無窮的好奇心，而他們喜愛幫忙大人，並渴望獲得父母讚美的心情也最濃烈。父母應該把握住孩子對做家事有高度興趣及好奇心的良機，好好訓練他們發展做家事的才能。

在誘導孩子做家事的過程中，父母親必須特別注意的一點是，必須要對孩子

做家事的成果多加包容，千萬不要以自己的或是成人的標準來加在孩子身上，尤其是剛開始學習做家事的孩子，動作不免會比較笨拙、緩慢，而且做完之後的成果也不佳，例如，洗碗洗得慢吞吞，搞得廚房到處濕透，而且還洗得不太乾淨，此時家長的必須要有耐心，不要任意批評，並給孩子更多的時間練習，才能讓孩子有熟能生巧的機會。

只是，孩子的興趣會隨著年齡成長而轉移，而且由於很多家事都是不斷地重覆，內容也很瑣碎，做法又十分單調，對於個性比較活潑好動的孩子而言，不容易長期吸引他們的興趣，為人父母者不可能一再的翻新花樣，像變魔術般地把家事變得很有趣——這只有對年幼的孩子才有效。因此當孩子開始對於已經熟悉的家事感到厭倦時，父母親就必須以另一種方式來鼓勵孩子，例如給他們較多的自由遊戲時間，以及給予零用金等等。然而，用金錢、禮物、放假等獎勵的方式不能濫用，否則終有失去吸引力的一天。

建立孩子的成就感與責任心

我認為最有效持續鼓勵孩子肯做家事的方法，就是讓孩子產生成就感，並經由成就感而建立責任心，所謂責任心就是在於孩子對於一些家事已經習以為常，並視為是自己份內的工作，就算興趣不高，甚至很花時間，但是他還是會努力去完成任務。

培養孩子做家事的能力是一個持續性的工作，家長必須堅持到底，不可半途而廢，無論是再怎麼乖巧聽話的孩子，也都有想混水摸魚、耍賴、心不在焉或是偷懶的時候，當要孩子做家事三催四請都不來時，千萬不要認爲乾脆自己做比較快，這剛好正中孩子下懷，更會讓孩子產生僥倖的心理，那麼其責任心就更難以建立了。

爲了協助孩子建立對家事負責的態度，可以爲孩子列一張「家事檢查表」，讓孩子按步就班去做，對熟練一件事情很有幫助。這種方法特別適用於有較多子女的家庭中，讓每個孩子知道自己的責任範圍，彼此如何分工，何時該做什麼事，這些都明確陳列在「家事檢查表」，而父母親則擔任「家事糾察」的任務，負責檢查孩子是否認眞執行。訓練孩子做家事既要掌握時機，也要掌握一些特定的技巧，注意兩者之間的配合，更能相輔相成。

〈實用手冊〉

訓練階段

學齡前幼兒

訓練內容

* 曬衣服：父母曬衣服時，孩子在一旁幫忙拿衣服、晾衣服等。
* 收衣服：孩子幫忙拾收晾乾的衣服。
* 摺衣服：教孩子摺疊自己洗過的衣服。

＊擦桌椅：給孩子乾淨的抹布，教導他們簡單的擦拭及清潔方法。

＊接電話：讓孩子偶爾接接電話，並教導他們簡單的應對。

訓練目標

這個階段的孩子對於生活週遭所遇到的人及事物都開始產生強烈好奇心，尤其家庭中常做的家務，也產生想要參與的興趣，家長應掌握良機，提供他們可以自己動手做的機會，為未來的家事能力訓練做準備。

訓練幼兒做家事不可以過於躁進，因為孩子的年紀小，能力也有限，所以家長應該站在與孩子一起分擔家事的立場，讓孩子觀摹、學習；而當孩子做得不好，家長不可任意批評或訕笑，而是給予鼓勵，必要時，家長還是要協助他們，一起完成工作。

訓練階段

小學低、中年級

訓練內容

＊延續學齡前所學習的一些家事項目，使其技巧更為嫻熟。

＊再增加一些家庭任務給孩子，例如收拾碗盤、房間、玩具等等，以及洗碗、洗衣服等。

＊養成為屬於自己的事物動手整理、清潔的習慣。

訓練目標

進入小學之後，孩子可能會受到學校、同學等不同於家庭中的新環境而感到新鮮、刺激，但對於做一些簡單家事仍然會有興趣，家長應該持續探索其對家事的好奇感及新鮮度，並繼續鼓勵他們自己動手做事，尤其是他維持孩子個人的書籍、玩具、房間整齊等，像玩具是孩子使用最頻繁之物，但大多十分瑣碎，父母可為他準備一些盒子、籃子，指導他如何分類收拾。

訓練階段

小學高年級

訓練內容

* 廚房工作，包括洗米、洗菜、切菜、燒菜、煮飯，到洗碗盤的流程。
* 日常家庭清潔工作，包括掃地、拖地、吸塵、清洗衛浴間及用品等。
* 個人專屬衣物清潔及整理工作，例如擦皮鞋、洗襪子及內衣等，以及把所有物品分類整理等。
* 接電話：能應對自如，並能轉達留言。
* 整理自己的房間及個人用品，包括玩具、書籍、學校用品等。
* 庭院工作，包括割草、拔草、澆花、種花等。
* 初級縫紉，包括使用針線，及縫合衣物等。
* 簡單木工，包括如何使用槌子、敲釘子，到製作方式。

＊電器用品，包括使用開關電器用品、使用方法，維修方式等。

訓練目標

高年級的小學生已經具有一定成熟的智能及強壯體力，可以協助大人做各種不同家務。一般性的家務，如清潔、整理等，是所有家長都應該要求這個年齡層的孩子做好的，如果錯過這個階段，到了孩子升上中學之後，就更難以訓練，也更不可能要求他們配合來做，因為此時他們對外在世界的興趣已經超過對自己家庭內部，對個人成長的關心度也慢慢超出對家人，而且，中學以上的學生，其學校功課業壓力愈來愈重，如果其在小學高年級時，尚未及時培養出嫻熟的家事能力，更難以順利肩負家庭雜務。

小學高年級的學生另外還可以學習做一些難度較高、手續也較為複雜的家事，例如烹調技巧、木工製作、縫紉技能、庭院工作，以及電器用品的使用或維修。諸如此類的家事訓練是就每個家庭環境不同，以及其父母特殊才能之不同而異，如果家長本身就特別擅長於上述的某些家務工作，現在就是一個很好傳授給孩子的時機，特別是如果能配合學校教育，因為高年級的小學生也有機會學習到上述家事課程。

四：孩子的房間

讓孩子擁有獨立的房間，不僅是爲了父母的利益，因爲，父母可因此獲得重要的獨處時間，也才能保障婚姻生活的品質；此外，孩子擁有可獨立支配、自由使用的空間，對於孩子的成長、自立、自律等，均具有非常重要的作用。

這招單手煎蛋絕技，才一天我就學會了。

父母需要單獨相處的時間

過去在遠古時代，孩子與父母共處一室，甚至同房共寢，十分普遍，而且也一直被認爲是自然的事；直到近代以來，許多家庭仍然讓孩子與父母同房，有些不純粹是因爲經濟因素使然，而是父母育兒的觀念所致，亦即父母讓孩子與父母同房共寢，可以讓孩子獲得溫暖及安全的感受，尤其是針對年幼的孩子。

對於孩子是否應該及早擁有自己獨立的房間，由於東、西方文化的差異，因此又有不同的作法。現代西洋人普遍認爲，愈早讓孩子與父母分房愈好，甚至在孩子一生下來，從醫院產房抱回家之後，就直接抱進家裡早已預備好的嬰兒房。孩子，從未有一天是與父母同房而寢的。

但是東方父母的作法卻大相逕庭，讓弱小無助的小嬰兒孤伶伶的獨處一室，好像未能善盡父母之責，既不能就近照顧嬰兒，也不能給予充分的愛憐，所以，大都是在父母床旁擺置嬰兒床，如果此時做父親的不能忍受半夜被嬰兒的哭聲干擾的話，那麼就是另闢一室。

這種「嬰兒進門，父親讓賢」的現象在台灣仍然十分常見，如果這只是短暫的過渡時期而已，倒也無可厚非，然而，這種情形若維持數年，一直到嬰兒已長成會跑、會跳的幼兒時期，那麼就不太好了。

一直讓孩子與父母同房而眠，自然十分干擾夫妻生活的情趣，而且，這會讓孩子認爲孩子就是家庭的重心，父母必須隨時圍繞在他的周遭，以供應不時之需。

其實，家庭生活的重心，應該是父母，而不是子女。父母必須把維持良好的婚姻品質，放在家庭生活的首位，不但夫妻彼此都要有這種共同默契，而且，還必須讓子女從小就了解這個事實的重要性。

維持婚姻生活品質的首要重點，就是夫妻必須有正常且穩定的獨處時間，尤其是晚上孩子上床之後的時間，如果老是有個孩子橫在中間，那麼夫妻之間的親密生活勢必遭受到破壞。

讓孩子充分體認：先有父母，才有孩子；孩子必須尊重父母的生活隱私，當父母需要獨處的時候，孩子必須退讓，而不是霸佔著母親，或是橫阻在父母中間。

獨立房間培養孩子獨立精神

父母現代西方父母大都主張孩子出生之後，就立刻與父母的房間隔離，不只是因爲重視夫妻生活情調、個人隱私權的維護等而已，另一個重要理由是爲了及早訓練孩子獨立自主。

嬰兒對於父母的依賴很深，尤其是對於能提供他溫暖、食物、安全的母親，依賴更深，任何分離——即使是十分短暫的分離，也會帶給他不安與恐慌，其本能反應就是哭泣，既抒解他的情緒，又可引起父母的注意。

然而，父母與孩子究竟是不同的生命個體，不論孩子在生命初期是如何地與父母難分難捨，他終究是要長大，到最後終究是要與父母分離，開創自己的生活。

讓孩子擁有自己獨立的房間，當上床時間一到，他就必須與父母道晚安，單獨去自己的房間睡覺，這就是讓孩子學習與父母分離的第一步。

幾乎每個幼兒都會抗拒單獨上床睡覺，並且以耍賴、撒嬌、啼哭等方式來表達不滿，因爲，年幼的孩子無法承受孤獨、以及與父母分離，這種經驗對他而言是痛苦的，許多父母就是不忍心看到孩子承受這種痛苦，結果放棄讓孩子單獨上床睡覺的初衷。

其實，父母愈是想要保護孩子，讓孩子延遲感受孤獨、分離的痛苦，愈是對孩子不利，許多現代心理學家就認爲，如此一來，將使孩子永遠長不大。

孤獨、分離的痛苦，是一種生命的本質，每個人都應該學習去面對它，進而超越它。心理學家考特•派克(M. Scott Peck)在其著作《人跡較稀少之路》中提到，許多人一直沒有學會接受生命本質裏的痛苦，遭遇問題時，他們不是採用缺乏耐心、訴諸本能反應的解決方式，就是根本不理會問題的存在。孩子在上床時啼哭，採用打屁股方式的父母，是屬於第一類；而讓孩子和他們共眠的父母，則屬於第二類。

不僅僅是爲人父母必須正面去解決生命本質中的痛苦，而且更要教導下一代，傳承自己的經驗，否則孩子長大之後，將會遭受更多的挫敗。

訓練孩子獨處的技巧

讓孩子擁有單獨的房間，或許不只需要一種決心——不論孩子怎麼以哭鬧要脅，父母就是不要放棄原則——而且需要一些技巧，讓孩子的不安全、不愉快感受減至最少，到最後能習以爲常，甚至樂於自己獨處。

至於孩子從何時開始擁有自己的房間呢？這並沒有定論，有人認爲愈早愈好，從嬰兒時期起即讓他獨眠，更容易使他及早適應；但是也有人認爲可以等到過了嬰兒期之後，亦即小嬰兒與父母同房並無不妥，直到他成長至一定的年齡，父母也確定其獨眠的安全性，就應該讓他擁有自己的房間。

我贊成後者的說法，但是，我認爲幼兒還是愈早與父母分房而眠愈好，這是爲了維護夫妻生活品質著想，也是爲了維護父親的權利——父親能夠忍受幼兒霸佔母親，或是讓幼兒干擾夫妻正常獨處的極限，不應該被無限制延後。

孩子自己所擁有的房間不需要太大，也不必太豪華，重要的是讓孩子感到溫暖、舒適、安全，而且讓他覺得專屬於他個人。

與孩子一起佈置他的房間，是訓練孩子有獨立意識的開始，讓孩子參與佈置自己的房間，還可以激發他的創意。告訴孩子：那是他自己專有的，他可以擺置心愛的玩具及書籍。

此外，還可以利用各種方式吸引孩子對自己房間的興趣，例如在白天的時間就時常陪伴孩子在他的房間玩耍、讀書等等，讓孩子適應專屬於他個人的環境；此外，還可以鼓勵孩子邀請他的朋友到他的房間玩耍等等。

白天的問題或許比較小，但是到了晚上睡覺時間，年幼的孩子還是會想要賴在父母房間，父母的態度必須堅持到底，絕對不能心軟，只是手法可以柔軟，例如，在睡前爲孩子說床邊故事，以及給孩子再三保證，會每隔一段時間來看看他，讓他放心。

在父母耐心的誘導之下，孩子必然會漸漸喜愛上他自己的房間，而對於晚上的獨眠也能夠漸漸適應，而這種過程，對於孩子建立獨立精神具有非常重要的意義。

訓練孩子維持房間整潔

當孩子一天天長大，喜歡待在自己房間的時間會愈來愈長，當他們有自己的朋友來訪時，他們也會喜歡在自己的房間玩，以遠離大人的視線，而更可以自由自在的玩耍。

至於房間的佈置及維護等問題，孩子也會愈來愈有自己的主張，他甚至會要求父母不得任意進出他的房間，也不要父母爲他收拾房間，以及嘮叨他的房間髒亂等等。

父母應該讓孩子了解，既然是自己的房間，就必須自行負責維持整潔，而父母則扮演督察的角色，有權檢查房間的整潔情況。

對於父母擔任舍監的職務一事，孩子一定有不同的意見，不過，父母應該讓孩子認清楚一個事實，那就是孩子的房間固然是一個獨立的空間，但它仍然屬於全家的一部分，所以沒有權利單獨保持髒亂。

父母應該告訴孩子：「這是我的家，你的房間是屬於我家的一部份，所以你沒有權利把我家的一部份弄髒。」不要告訴孩子維持房間的整潔有什麼好處，他們都知道。

只要規定他們打掃的規則就可以了。

〈實用手冊〉

訓練階段

學齡前幼兒

訓練內容

* 學齡前的幼兒就應該及早有自己專屬的房間。
* 多花一點時間，待在幼兒的房間，與他一起玩耍、講故事等，讓他喜愛自己的房間。
* 與孩子一起佈置他的房間，讓他擺設心愛的玩具、圖畫故事書等，晚上當孩子上床時，讓他可以抱著自己心愛的玩具睡覺。
* 教導幼兒如何維護自己房間的整潔，父母可以先做一些示範，然後慢慢要求孩子一起跟著做，例如把用過的東西放回原位、垃圾丟進垃圾桶、乾淨的衣物應該疊好或掛好，髒的衣物則拿去洗衣間放等等。
* 晚上上床時間一到，就要求孩子回自己房間睡覺，父母可多花點時間陪在幼兒床邊講講故事、哼唱童謠，讓孩子覺得溫暖與舒適，漸漸適應單獨睡覺。

訓練目標

當年幼的孩子開始與父母分開獨眠時，必然會有一段不適應期，他們會感到焦慮、不安，並且以哭鬧、撒嬌等方式，祈求父母收回成命，此時父母的態度必須十分堅定，不要輕易動搖，否則愈來會愈難要求他們獨自上床睡覺。

訓練年幼的孩子願意在自己房間睡覺，父母必須給予相當的耐心，並採用漸進式的手法，平常白天就多花時間陪孩子待在孩子的房間，一起從事孩子喜歡的活動；到了晚上孩子上床時，預留一些為孩子講故事的時間，盡量讓孩子感受到待在屬於他自己的房間是安全、溫暖、舒適的。

訓練階段 小學低、中年級

訓練內容

＊讓孩子習慣能獨自待在自己房間，尤其是可以自己單獨作功課、讀書等等。

＊訓練孩子更多收拾房間的技巧。父母並且應該自己抑制動手為孩子收拾的衝動，當孩子房間太凌亂時，給孩子一個指定的時間，要他必須獨立收拾乾淨。

＊為孩子訂定一些簡單的房間收拾規定，協助孩子養成良好的習慣，並可杜絕孩子以忘記為藉口而不能收拾房間。

＊當孩子想要改變自己房間的佈置時，父母應該加以鼓勵，而不是制止，因為那是孩子獨立精神形成的重要過程，而且，喜歡更換房間佈置的孩子，表示他是有活力、有創意的孩子，值得大人嘉獎。

訓練目標

當孩子進入小學之後，擁有自己的房間，並且負責自己房間的整潔是最基本的要求，小學低年級的學生或許還不太熟練收拾房間的技巧，父母可以協助他們，但是到了中年級起，父母就必須要求他們自己全權負責，如果他們還是會有丟三落四的壞習慣，可以給他們一個簡單的收拾工作表，讓他們按照表格所列的要求進行。

父母不必再花很多的時間陪孩子在他們的房間，尤其當孩子要做功課、看課外讀物、玩玩具等時，應該讓他們在自己房間安靜地自己做，而不必一直陪著他們。

孩子臨睡前可能仍然需要父母陪伴在他們床邊，為他們講故事，這是非常可貴的親子相處時間，父母應該多加珍惜，不過，隨著孩子年齡漸增，可能不必需要父母花太多時間陪他們講故事時，有時候，也可以以故事或音樂錄音帶來代替。

這個階段的孩子對於自己房間的佈置會有比較多的意見，這是個好現象，父母應該加以鼓勵。

訓練階段

小學高年級

訓練內容

＊孩子必須對自己房間的整潔負責，父母只偶爾檢查而已。

＊孩子的房間是家庭的一部分，讓孩子清楚地明瞭：「擁有獨立房間，是孩子的權利，維持房間整潔，則是孩子的義務。」

訓練目標

當孩子漸漸長大，他們喜歡待在自己房間的時間會愈長，這時候父母會面臨到的問題，主要是有關房間整潔維持的問題，孩子可能會有一種觀念以為：「他們有權整理自己的房間，不要大人干涉。」如果他們能夠把房間維護得很乾淨，倒也無妨，但是如果做不到，父母有權加以督導，因為他們的房間仍然是家庭的一部分。

五：聽話的藝術

我們這一代當父母的人，小的時候大人常常訓誡我們：「小孩『有耳無嘴』。也就是說，小孩只有聽大人說話的份，不必發表意見，更沒有插嘴、還嘴的餘地。

如今，我們這批被教誨得很會聽話的小孩長大成人，而且爲人父母了，卻聽到許多教育專家以權威的口吻告誡我們：「不可教導孩子只會聽話，否則他們會成爲沒有主見的人。」於是，我們只好常常讓孩子與我們平等對話，最後的結果卻是：孩子愈來愈有主見，卻愈來愈不聽話。

大人必須聽懂孩子的話

孩子爲什麼不聽話？學者專家又告訴我們：「這是大人的錯，因爲我們不懂得聽孩子說的話。」於是，我們又誠惶誠恐地忙著學習聆聽孩子說話。

我們這一代做家長的人實在眞難爲：小時候得要聽大人的話，長大後，卻要聽孩子的話！

《傾聽孩子的心聲》、《打開孩子的心聲》、《如何聽孩子說話》這一類的幼教叢書在市面上汗牛充棟，可是卻鮮少有人教我們：「如何教孩子聽話？」

爲什麼孩子不能聽大人的，大人卻反而要聽孩子的？珍•希利博士(Jane M

Healy)說：「擅長聽孩子講話的成年人，在生活中既與孩子們保持了良好的關係，又會有許多趣事。」她爲了教導父母聽孩子說話，洋洋灑灑地寫了一本書：《打開孩子的心扉》。

另外還有兩位教育專家克來比(John F. Clabby)和艾利爾斯(Maurice J. Elias)合寫一本巨著《建設性的親子溝通》，書中也大力鼓吹：「打開頻道，聆聽孩子的心聲」，因爲「父母若想與孩子融洽相處，溝通時非得懂得接收他們頻道中的訊息才行。」至於孩子的心聲頻道有哪些呢？包括：支持頻道——表示「他需要支持」、求救頻道——表示「他需要幫助」、面子頻道——表示「他需要挽回面子」、傾聽頻道——表示「請聽他說」、爭吵頻道——「他正在找人吵架」。

以上的例子，我只是順手捻來而已，諸如此類教導父母聽懂孩子說話的皇皇巨著還有很多，其內容也各有千秋，如果身爲父母的你，想要一一去了解的話，保證夠讓你受的。

我並非要推翻這些專家學者的言論，其實他們說的都很有道理，要想成爲一個跟得上時代的開明家長，必須多多聆聽各方的聲音，至於爲了能與孩子保持流暢的溝通管道，父母更是要仔細傾聽，尤其是要會聽孩子的心聲。

可是，爲什麼總是父母去做這個

負責打通溝通管道的工作？孩子們卻可以不必努力呢？

現代的孩子一個個都很有個性，動不動就說：「你不了解我，因爲你聽不懂我的話。」他們不會察言觀色，因爲這對他們毫不重要，必須懂得「察言觀色」的是父母。

可是一個不會察言觀色的孩子，在家除了給父母受氣之外，出外還要給別人氣受，最糟的是，他一再讓別人受氣，他的人際關係必然不佳，長此以往，可能會到處碰壁，而這將大大有礙他邁向成功的康莊大道。

聽話，代表對人的尊重

我承認，現代的家長必須多聽孩子說話，而且還要學會聽懂孩子說的話，否則必然時常充滿挫折感，可是，當今親職教育的最大考驗，不是要家長學會聽話，而是要教導孩子會聽話。

爲什麼教導孩子聽話如此重要？這並不純粹是爲了父母好，以利於方便管教，更重要的是對孩子好，這其中具有深厚的教育意義。

首先，「聽話」代表對人的一種尊重，這是現代的孩子最需要具備的精神。我們常常感歎，現代的孩子對父母不夠尊重，其所實際表現在行爲上的，就是不聽父母的話，這兩者之間的關係脣齒相依，不過許多家長卻沒有察覺出來。

其實，這只是待人接物最基本的道理，爲什麼要面對子女的時候，父母竟然會如此失察呢？那是因爲現代的父母普遍有個心結，認爲孩子處處聽從父母的話，以爲他們的個性、自尊、自信會被壓抑，進而不能培養獨立進取的精神，因此之故，寧可自己去容忍孩子不聽話的現象，也不願拿出做父母的權威，來要求孩子聽話。

其實，眞正能尊敬父母的權威，並且能夠聽父母的話的孩子，是快樂、滿足，而且，對父母投入了大量的安全感，換句話說，會聽父母的話的孩子，對父母不只是有敬意而已，而且更有信賴感。

聽話，代表對人的信賴

每個人都知道，孩子需要安全感，尤其是來自家庭的安全感，而家庭安全感的建立來自於對父母的信賴。愈年幼的孩子，對父母的信賴就會愈深，任何一個孩子在生命的早期，就建立一個信念，父母的能力是沒有極限的，父母在任何情況下，都能保護他們、養育他們，及供應他們所需。兒童心理學家也有研究發現，孩子們願意相信，父母是永遠不會犯錯，這種信念，就是「全能神話」。

然而，當孩子漸漸長大，在其社會化的過程中，他們對父母的全能全知會產生懷疑，這甚至影響到其對父母的信賴感，他們開始逐步的挑戰父母的權威，親子關係因此面臨衝擊與壓力。

而當父母不能繼續維持其在子女心目中足以被仰賴的形象時，孩子其實也產生許多負面的情緒，他們會焦慮、不安、緊張、不滿等等，而表現在行爲上，就是更不聽話，這點很容易在不聽話的孩子身上看到，很多愛唱反調的孩子，其實並沒有大人所想像的是因爲有主見、有自信、有自尊，相反地，那是他們心裡惶惑不安的呈現，這也足以說明，爲什麼許多愛唱反調的孩子並不快樂，而父母愈是事事順從他，他愈不開心。

父母在孩子心目中必須維持權威的形象，成爲孩子信賴感的來源，但這並不是要用一種高壓的手段，把孩子變成阿諛盲從的人，父母權威的維持是來自於得當且良好的管教方法。

教導孩子聽話的技巧

管教子女，首先就是要建立紀律，之後，必須嚴格執行，而其間，父母必須是子女自律的典範，這又包含兩個層面，一是父母自己必須遵守有關規律，其次，當子女無法做到時，父母必須加以管制，用句簡單的話說，就是父母不但要言行一致，而且還要言出必行。

也唯有如此，子女才會一直把父母的話當一回事，才不會有「言者諄諄，聽者邈邈」的現象。管教最忌諱不能貫徹始終，當子女打破一條明文規定，父母只是口中威脅，或嘮叨不停，並未立即採取行動，孩子便會一再試探規定。這種試探將使父母與孩子耗費時間與精力，而親子之間的互信關係則逐漸遭受到破壞。

孩子聽不聽話，與父母的話是怎麼說的，有很大的關係。

當然了，現在這個時代與以前有很大的不同，以前的父母，只要對孩子說：「你要聽話。」大多數孩子都不敢不聽，但是現在，如果你要如法炮製的話，那保證是「畫虎不成反類犬」，孩子根本不聽你的，還要反過來問你：「憑什麼？」

當孩子反問你的時候，千萬不要著了他的道，一心一意想要找出合情合理的理由來回答他。

不要這麼做！否則小孩就會跟你沒完沒了。你就直接了當（最好還要面無表情）地告訴他：「沒有爲什麼，這就是我說的。」

記住，別讓你做父母的權利睡著了！

父母當然有權利要求孩子聽話，小孩也絕對有義務要聽父母的話。

學會聽話，才會說話

最後，必須教導孩子會聽話的理由，是爲了孩子會說話，因爲唯有學會認眞聽話，才知道要怎麼好好說話，這是再簡單不過的道理了。

現在孩子說話很多都是理直氣壯，而且也缺乏技巧，聽起來非常刺耳，大人還要特別爲他們辯護，說孩子是：「有口無心。」然而，果眞都是無心之失嗎？恐怕都是因爲他們只在乎自己的感受，而不在乎別人的反應。

我們都了解，所有的溝通必須是雙向的，對人的尊重應該是互通的。當一個人不肯聽話，或聽不懂別人的話，如何才能顯示最適當的回應？又如何能顯示出對別人的尊重？而不能懂得尊重別人的人，當然也難以獲得別人的敬意。

〈實用手冊〉

訓練階段 學齡前幼兒

訓練內容

* 對幼兒說話要簡單、明瞭、具體。
* 一次只下一個指令。
* 教導幼兒基本的會話禮貌，包括仔細聆聽別人說話、不要插嘴、不可以搶著說話等等。

訓練目標

學齡前的孩子對父母的依賴感最深，父母在他們心目中是完美無缺的，所以他們會聽從父母的話。但是，此階段的幼兒的世界中心是以他們的需要為主，父母對他們而言，既是世界中心的主宰，也是能夠供應他一切所需的來源，然而，這種信念當他在逐漸長大的過程中會遭受考驗，因為父母在很多時候會拒絕他們的要求，例如「不可以吃糖」、「不可以大聲吵鬧」、「不可以插嘴」等等，於是他們會產生挫折，這可說是家庭中最早期的親子衝突。

為了讓幼兒建立正確的世界觀，以取代其自我中心觀，父母必須採取堅定、溫和的方式，教導幼兒人類社會基本的會話禮貌，也就是必須聽話、不能插嘴、不能任意搶著說話。

訓練階段

小學低年級

訓練內容

＊讓孩子確實遵守會話的基本禮貌，包括仔細聆聽別人說話、不要插嘴、不可以搶著說話等等。

＊當孩子違反會話的禮貌要求時，必須立刻採取制止的行動，例如，當大人在說話，而孩子在一旁不斷干擾時，立刻要孩子離開現場，最好立刻命令他回房間去，閉門思過；當大人說話時，孩子一直插嘴時，不要回應任何問題。

訓練目標

父母給孩子的指令要權威、簡單明瞭、具體可行；說話的態度則是立場堅定、語氣平和。

「權威」就是指令的措詞採用命令式的，而不是詢問式的、期待式的、懇求式的，例如：「我要你去刷牙」、「現在這是你做功課的時間」、「你立刻把電視關掉」，而不是：「去刷牙好嗎」、「做功課的時間到了，可不可以要再玩了」、「你可不可以把電視關掉」、「我希望不要用袖子擦嘴」、「拜託你不要再玩了，我們得回家了」。

「簡單明瞭」就是指令的字數愈短愈好，一個指令只有一件事，例如：「你現在開始整理房間，整理完了，來找我，我再告訴你下一件事」，而不是：「去刷牙，把便當放到書包裡，穿黃色那件外套，記得帶雨傘」，一次給孩子太多指令，只會讓孩子搞得昏頭轉向，無所適從。

至於「具體」就是指令對孩子的要求是具體的行為，而不是抽象的態度，例如：「今天去百貨公司，你不可以要求買東西」、「晚上客人來的時候，我們有事情要談，你不可以插嘴，自己在房間玩」，而不是：「等一下逛百貨公司你要聽話喲」、「晚上有客人要來，你要乖」。

訓練階段 小學中、高年級

訓練內容

* 事先擬定計畫，預防當孩子不聽話時的策略。
* 不要陷入與子女爭辯的陷阱，以免浪費彼此的時間。
* 教導孩子聽話的技巧，除了仔細聆聽別人談話的內容，並做出適當的回應之外還要學會每句話的弦外之音，尤其注意別人說話時的肢體語言、口氣、態度等等。

訓練目標

當孩子邁入小學中、高年級階段，由於社會化的程度日深、以及自我意志的建立，會有開始挑戰父母權威的情形出現，當父母要求他聽話時，他會有時遲疑，甚至出現抗拒以及與父母爭辯的現象，父母不要陷入與其爭辯的陷阱，持續以堅定、溫和的方式，對孩子表達命令或要求；父母也可以事先擬定一套計畫，以防萬一遇到他們不聽話時的狀況。

父母可以開始教導孩子察言觀色的技巧，也就是注意別人說話的肢體語言、口氣、態度等，父母可以傳授個人的特殊經歷，也可以利用與孩子演話劇的方式，或是看戲劇、電影等等，教孩子仔細觀察人們在不同場合、情境之下說話時的面部表情，以及細微的肢體動作。

六：朋友相處

社交能力是成年人的生活中重要的一環，擅長處理人際關係，不只讓人生活愉快，而且還可以開拓一個人在工作生涯上的發展，許多研究報告都顯示，人緣好的人，對工作的升遷很有幫助。

小孩比大人更需要朋友

不只是成人需要良好的人際關係，小孩子更需要，人緣好的孩子不但能夠愉快地與他人交往、受同學的愛戴，而且還會有助於他們在課業上的表現，因爲人緣好的孩子容易建立自尊與自信心，進而激發他在各方面的優異表現。

孩子比成人更需要朋友，這是因爲孩子的世界比起成人要更爲單純，範圍也更小，孩子除了家庭以外，主要就是學校，小學中、高年級以上的孩子每日與朋友相處的時間，甚至超過家人，如果他們無法與朋友維持良好的關係，對於他的身心發展都是一種打擊。

良好的社交能力必須從小培養，這是因爲孩子的學習力強，而且孩童的世界也沒有成人世界的複雜多變，當孩子與朋友因爲小事爭吵、打架之後，很容易可以因爲一個小小的道歉就恢復友誼，和好如初，但是在成人世界中，事情就不可能這麼簡單解決。

孩子只要注意一些基本的交友之道，就很容易結交朋友，例如注意自己保服裝儀容整潔、乾淨，因爲骯髒、邋遢的孩子，人見人嫌，小孩子的感受與表達又非常敏銳而直接；又例如與人分享的觀念，一個願意與他人分享的孩子，很容易受到歡迎，反之，自大、自私傲慢的孩子，則容易與別人發生爭執與衝突，人緣也會不好。

此外，合群、有禮貌、善於表達意見、活潑、開朗、主動，以及有創意的孩子，都很容易結交朋友，而在孩子的世界中，所謂會交朋友，就代表他們的社交能力良好，而這將使他們更容易培養自尊、自信的精神。

但是評估成人的社交表現卻牽涉許多複雜的因素，包括工作表現、社會階級、家庭背景、學歷背景，不像孩子主要是根據個人人格特質、待人接物的態度。

協助孩子發展社交能力

家長應該協助孩子發展良好的社交能力，並培養孩子愉悅、開朗的性格，當孩子在交朋友的過程中遭遇困難時，更應該站在諒解的立場，立刻伸出援手，幫助他們渡過難關；但是，這並不代表家長過度介入孩子的交友世界，如果一旦讓他們感到大人敦促的壓力時，他們可能會更爲退縮、更爲內向、孤僻。

家長對待孩子的交友行爲的

態度對孩子影響甚遠，在我生活週遭，就親眼看到許多實際的例子，給我不少警惕。

有一位母親曾經告誡他上小學五年級的兒子說：「交不到朋友有什麼大不了？何必那麼傷心？真是太沒志氣了！」「功課好最要緊，功課好比交朋友要重要多了。」這位育子甚嚴的母親又加了這麼一句。

對於這位母親的訓誡我實在無法認同，我更相信輕蔑的口吻，已經傷害到孩子的心了，雖然這個孩子外表看起來很堅強。

我的另外一位朋友對兒子的交友態度則是另外一個極端，她十分擔心孩子在學校交友的情況，總是不停地問他：「在學校是否有要好的朋友？」、「是否交到特別的朋友？」、「你與朋友相處得好不好？」諸如此類的問題，結果她的兒子覺得好煩，他不但懶得回答母親一連串的問題，她甚至不要母親經常藉故跑去他的班上，打聽他在學校的交友情況。

孩子其實都是十分敏感的，他們能夠清楚地感到大人的反應，尤其是交朋友的問題，大人太過漠視，會造成孩子更深的挫折感，但是太過積極介入，又會令他們備感壓力。

結交朋友必須在自然、愉悅、沒有壓力的情況之下，以漸進的方式進行，孩子的友誼世界中，更是需要這種氣氛，如果孩子出現不易結交朋友的現象時，父母不妨平心靜氣下來，仔細思索出其中的原因，再找出最好的因應對策。

面對各種不同的交友障礙

在大多數父母的心目中，自己的孩子總是最完美的，他們很難接受孩子結交不到朋友的事實。

其實，不同個性的孩子，在交友之路上，會出現各種不同的問題，並非是功課好、口才佳、長得漂亮、擅長運動等，就一定受到朋友的歡迎；反之，有些孩子外表平凡、課業及其他各學科成績表現平平，卻總是朋友圍繞、人氣特佳。

學科成績優異的孩子，如果不懂得謙讓，那麼反而更易遭到妒嫉；小學生尤其最討厭那些愛現、並常常博取老師歡心，卻不在乎同學情誼的人。

有些孩子因爲在家是老大，或是身爲獨生子女，又經常與大人相處，缺少同齡的玩伴，因此比較老成、早熟，或是個性變得剛愎自負等等，就難以與同學和好相處，也因此常被孤立、排擠。

個性傲慢、自信心過強、以自我爲中心、說話又不懂禮貌的孩子，必然經常得罪同學，交友之路上必然挫折重重。

不擅表達意見的孩子，或是過於沈默、老實的孩子，則難以吸引別的孩子的興趣；相反地，活潑、外向，說話又有幽默感的孩子，最具有吸引力，人氣也特別旺。

沒有主見的孩子，或是不懂得說出心裡的意見，也不懂得拒絕別人的孩子，會老是被別人牽著鼻子走，也不易贏得朋友的敬重。

缺乏創意的孩子，凡事都是跟在別人屁股後面，模仿別人，或是很容易感到無聊，常常不知道該如何玩耍的孩子，也是缺乏吸引力的孩子，他的身旁一定也缺少朋友圍繞，甚至他要找別人玩，別人還不太情願。

父母是孩子的最好朋友

當然，孩子的友誼世界中，還有可能受到環境、風氣、生活背景、文化習俗等影響，例如一個本來住在鄉下的孩子，原來因爲擅長戶外活動而廣受愛戴，但是當他遷入都市，在一群很會玩電腦、打電動的孩子之間，他可能就失去吸引力了。

每個孩子所遭遇的交友情況都會有所不同，而不同年齡層的孩子則更有不同的問題，例如，幼稚園的孩子最需要與同齡的孩子相處，而不是老是被一群大人圍繞，否則將難以學習與人分享、禮讓、合群的社交技巧；至於小學高年級的學生卻應該有機會交往不同年齡層的孩子，以發展更大的交友範圍，並且學習與不同年齡層人士交往的技巧。

別忘了，父母也是孩子最好的朋友。父母對於孩子的交友情形，應保持適度的關心，在孩子不同的成長階段，遭遇不同的問題時，給予最適宜的忠告，就像是一個忠實、有智慧、經驗老到的好朋友一般。

〈實用手冊〉

訓練階段

學齡前幼兒

訓練內容

＊教導孩子注意衣著整潔，包括頭髮、指甲、口腔衛生等。衣著不要太奢侈、豪華，上幼稚園的孩子穿著尤以簡單、輕便為原則，以利他們輕鬆自在地玩耍、運動。

＊為幼兒安排與其同齡朋友交往的機會，例如鼓勵孩子邀請朋友、同學來家裡玩，或由父母親自出面，代年幼的孩子安排聚會活動，也可以帶孩子去他的朋友家中玩。

＊教導幼兒簡單而基本的交友原則，包括說話有禮貌、與人分享玩具及糖果點心等。

＊教導孩子合群觀念，玩遊戲時，必須遵守遊戲規則，以及多數人的決定。

訓練目標

二、三歲幼兒的世界是以自我為中心的，所以，他們不懂得與人分享、平等交往的觀念，也因此這個年齡層的幼兒遇到同樣年紀的孩子時，時常會發生因為要搶同一個玩具而爭吵的現象，這時候父母不必太生氣，更不宜過度責備，而是要耐心地教導他們分享的觀念，也許剛開始他們無法理解，也會有挫折感，但是這種情形多遇到幾次之後，他們就能從錯誤中學習，慢慢改變以自我為中心的交友態度。

家長應該主動安排家中幼兒與同齡幼兒交往的機會，不論是代他們邀請朋友來家裡玩，或是帶他去拜訪朋友，都可以幫助他們擴大交友範圍。

訓練階段

小學低年級

訓練內容

* 教導孩子注意服裝儀容整潔。
* 鼓勵孩子與同齡朋友交往，例如讓他們主動邀請朋友來家裡玩耍。
* 教導孩子能清晰地表達意見，說話不清楚、過於沈默害羞的孩子，都不容易交到朋友。
* 教導孩子合群的重要性，與友伴一同玩耍時，必須服從多數人的意見，並遵守遊戲規則。
* 鼓勵孩子主動多參加戶外活動、體育活動，而不要整天待在家裡玩靜態性的活動。

訓練目標

上小學是孩子成長過程中非常重要的一個里程碑，他們對於朋友的依賴會日益增加，他們也更能體會到與朋友一起玩耍及學習的樂趣，否則上學對他們而言，將會是一條坎坷之路。

有些孩子不愛上學，除了因為學習遭到障礙的因素之外，主要都是因為在學校的社交能力遭受困境，例如可能是沒有要好的朋友、與朋友吵架、被同學欺負或嘲笑等等，父母必須主動關心他們在學校的人際關係，並設法幫助解決問題，有時候情形比較嚴重，而導致孩子心情低落、逃避上學時，家長應該與孩子的老師商量出一個好的對策因應。

平日家長應該在與孩子的聊天中，以輕鬆的口吻詢問孩子在校的交友狀況，才能及時掌握問題；此外，還是應該經常鼓勵孩子主動邀請同學來家裡玩，這可以使他在學校的人緣更佳。

訓練階段

小學中、高年級

訓練內容

* 鼓勵孩子參加社團活動，例如學校的合唱團、球隊，以及童子軍等等。
* 讓孩子有機會與不同年齡層的其他小孩相處。
* 訓練孩子勇於表達自我的能力。

＊教導孩子尊重別人的感受，過於自大、不懂禮讓等行為，都會使別人與他日漸疏遠。

訓練目標

對於這個階段的孩子而言，所謂社交能力培養，就是會交朋友的能力，人緣佳、受同學愛戴的孩子，在學校的學習也會有正面助益。

從小學中年級起，家長應該敦促孩子學習留心他人的感受，許多人緣好的孩子，往往不是功課最好、長得最漂亮的孩子，而是能為別人著想、細心、體貼並懂得禮讓別人的孩子。

讓孩子有機會與不同年齡層的孩子交往，包括鄰居或自己朋友的小孩，或是鼓勵孩子參加校外的社團活動、社區公益活動、以及才藝活動等等，既可以擴大孩子的交友範圍，又可以使他們學習更多的社交能力，例如，與比自己年幼的孩子相處，必須注意禮讓、體貼，而與比自己年長的孩子相處，必須學習尊重、服從等等。

七：遊戲與玩具

中國古有明訓：「勤有功，嬉無益。」古人對遊戲的看法是十分負面的，時至今日，許多家長仍然受到這種觀念的影響，尤其當孩子上學以後，總是要孩子多花點時間用功讀書，少點時間遊玩，否則就會浪費寶貴的光陰。

遊戲提供多元學習經驗

如今，已經有許多兒童教育行爲的研究顯示，遊戲是兒童重要的學習手段之一，它能夠提供兒童多元化的經驗，富有多重教育意義，它更是兒童成長的催化劑及觸媒，並非只是提供兒童生活樂趣、放鬆心情而已。

遊戲的種類包羅萬象，內容琳琅滿目，也各具有不同的教育功能，例如促進兒童發展知覺力、感受力、認知力、想像力、創造力等；體能性的遊戲可以促進兒童發展肢體活動，以及反應力、平衡感等；團體性的遊戲，能夠幫助孩子建立與人分享、合作、協調等重要的社交技能；當然，遊戲更能讓孩子解除生活壓力，並培養幽默感，對於建立完整及穩健的人格十分重要。

孩子需要遊戲，不同年齡層的孩子，需要不同的遊戲。

年幼的孩子才需要遊戲的遊戲時間可以比較多，對於他們而言，遊戲甚至就是做爲他們學習與成長的主要來源；至於大一點的孩子，除了課業上的正規學習之外，也需要透過遊戲來紓解身心，或是透過遊戲使相關的學習相輔相成，例如科學模型、顯微鏡、望遠鏡、化學儀器等，以及各式各樣的電腦遊戲軟體等，既是孩子遊戲的道具，也是學習器材。

遊戲可以借助工具，例如玩具，或是一些道具，但是也可以不用任何器材。

現在的孩子玩遊戲，有愈來愈依賴玩具的傾向，特別是現成買來的、製作精巧、功能複雜的玩具，而漸漸喪失憑空想像，或是就地取材、自行創造的能力。

其實，許多有趣好玩、又富有教育意義的遊戲，不必借助太多道具、玩具；反過來說，需要利用繁複器材的遊戲，也未必能提供孩子豐富的教育功能。

現代的孩子不但有過於依賴玩具的傾向，甚至變成是一種迷戀玩具的趨勢，結果逐漸喪失玩遊戲的能力，也就是說，一旦沒有玩具就不知道該怎麼玩，或是擁有的玩具不夠多、不夠新奇，就感到無趣、無聊。

在我所遇到的孩子當中，最怕的就是這種沒事就喊無聊、凡事都不感興趣，或是遇事只有三分鐘熱度的孩子，當他們來我家作客時，簡直不知道該怎麼招待他們才好，只能頻頻為他們的無趣、無聊感到抱歉。

玩具最忌貪多嚼不爛

迷戀玩具的孩子，又分爲幾種不同類型。最常見的是「貪心型」，他們也是最典型的被玩具商宰制的一群，任何能夠吸引他們好奇心及注意力的玩具，都想要佔有，然而，不幸的是，當他們一旦擁有之後，又很快就會失去興趣，目標當然又是玩具商巧立名目、推陳出新的新玩具。

所以，這種「貪心型」的孩子，可以給他一個更明確的稱呼，就是「貪多嚼不爛型」。

玩具商設計玩具的目的主要是以市場利潤爲出發點，並不是以兒童的教育利益爲考量重點，這種玩具雖然外表光彩炫目，甚至會叫、會動，看起來刺激、好玩，但是實際上多是經不起考驗，想當然耳，孩子玩個幾下就失去樂趣；此外，孩子擁有太多這類玩具，會壓抑創造力與想像力，雖然這些流行性玩具的名目千變萬化，像忍者龜、蝙蝠俠、猛獸大戰、萬能麥斯、星際大戰、大嘴巴怪獸車、風火輪、玩具槍、四驅車、百變金剛……像這類玩具其實都已經定型，大部份是根據電影、電視卡通片的造型而來，每個角色的個性也已經制式化，對於孩子的心智能力開發實在沒有什麼益處。

市場上並非沒有富有多種教育功能的好玩具，但是兒童一旦養成貪心的習性，再好的玩具到他手上，很快就會失去吸引力。

另一種常見的迷戀玩具的孩子，可稱爲「一往情深型」，他們深深爲某一類型的玩具所吸引，進而想要全部擁有，就如同是有些人有收集物品的癖好一樣，如果一旦少了某一系列的某個玩具，就會十分難過，因此會花招百出，不斷地央求父母爲之購買。

「一往情深」似乎比「貪多嚼不爛」型要好一點，起碼他們想要的玩具不是漫無目標，而且對於同一種類型的玩具還能夠玩得久一點，但是他們仍會淪爲玩具商宰制的犧牲品，變成是爲收集而收集，無法控制想要佔有玩具的癮頭很重。

迷戀玩具往往利多於弊

我常常有一種心願：「如果有一種玩具能夠讓孩子百玩不厭，那該有多好？」相信許多父母也會有我這種願望。不過，萬一孩子所迷戀的玩具不是什麼「好玩具」，例如電動玩具，那麼情況甚至會更糟糕，有些電動玩具的確可以讓孩子沈迷玩個連續數天、數月，但是卻對孩子的身心毫無助益。

如果孩子迷戀的是所謂「好玩具」，那麼情況就會好一點嗎？恐怕未必。市面上的確有很多被公認爲具有高度「可玩價值」的好玩具，有些兒童教育專家甚至不避替玩具商做廣告之嫌，大力推薦某些玩具給家長，例如樂（LOGO），我就讀過好幾個教育專家不約而同都撰文提到樂高的優點。

樂高也是少數我認爲值得推薦的好玩具，而且很幸運的，它正是我兒子所熱愛的玩具項目之一，他從三、四歲起就開始玩樂高，到現在已經上中學了，他還是百玩不厭，他可以拆開再玩，

喔～在家玩就是不如在網咖過癮！

組好了又拆，而且，每次可以隨心所欲的組合，城堡、戰艦、飛機、軍事基地、潛水艇，以及各式各樣的建築物等，其構造之複雜，常令我瞠目結舌。從兒子玩樂高的過程當中，的確看到他從這裡面獲益匪淺，激發了他的創造力、組合力，以及專注與耐心等等。

但是，就算孩子是迷戀這種所謂的「好玩具」，卻仍然有令人頭痛之處，例如每一組樂高的單價很貴、零件又小、不易收拾、組成之後更佔空間——我兒子在玩樂高時，所有樂高零件攤了一整個房間，排場驚人，而他的組合過程往往長達數日；組合完成之後，剩餘的零件要重新收拾，又要花掉數日的時間，有時候也眞是令人看了心煩；此外，樂高公司又總是不斷推陳出新，內容五花八門，叫人目不暇給，一一買下來的話，更是一筆可觀的開銷。

看來，無論是哪一種類型的迷戀玩具，都是利多於弊。

就地取材最能激發創意

其實，能夠讓孩子不依賴現成玩具，而能玩得開心、玩得豐富又有意義，就是最好的遊戲。然而，在今天富裕的社會中，想要孩子完全拋棄玩具，並不太可能，每個孩子多少會有幾樣玩具。

無論如何，不要給孩子太多玩具，尤其不要讓孩子在同一時期內，擁有太多玩具，如果孩子的玩具數量很多——不一定都是得自父母，也有可能是從親友處獲得的禮物，那麼就要收拾一些在儲藏櫃中，只留下一些孩子較喜愛、較常玩的玩具在他的房間就好。

孩子在同一時期內擁有太多玩具的缺點很多，最主要的是會讓孩子無所適從，容易分心，並且不能培養專注力；此外，也會使孩子不知珍惜玩具，還有，不易收拾整理。

給孩子玩具，除了「減量」爲佳之外，還有就是以「簡單」爲原則，例如最普通的組合玩具，可以刺激孩子發揮創意與想像力，其「可玩價值」遠超過許多單價昂貴的流行性玩具。

最佳的孩子玩具，莫過於就地取材的玩具。例如，在用桌椅圍起來當城堡的遊戲過程中，孩子可以充分運用他們的想像力，以及發明的能力；此外，多多鼓勵孩子自己做玩具，像日常的空紙盒、冰棒棍、保特瓶、吸管、紙、膠帶、蠟筆黏土、膠水、剪刀，都可以讓孩子變出許多好玩又有趣的玩具。

〈實用手冊〉

訓練階段

學齡前幼兒

訓練內容

* 各種球類，如皮球、汽球、水球等。
* 串珠遊戲，包括各類大、小珠子；也可以利用鈕扣代替。
* 積木，木頭積木、空心積木等。

* 塑膠玩具兵、塑膠動物。
* 木頭組合玩具、金屬組合玩具。
* 拼圖遊戲。
* 填充玩具，或洋娃娃等。
* 玩具汽車、小火車、小輪船。
* 腳踏車。
* 拖車。
* 扮家家酒道具，包括洋娃娃屋、小家具等。
* 沙子、沙具、沙箱等。
* 溜滑梯、鞦韆、蹺蹺板、跳跳床、木馬，及各類攀爬玩具等。
* 美勞用具，如彩色筆、蠟筆、圖畫紙、硬紙板、彩色紙、畫架、剪刀、膠水等。
* 沙包、豆袋等。
* 各類小樂器等。
* 團體遊戲，如玩躲貓貓、大風吹等。

訓練目標

遊戲可以說是學齡前幼兒的生活重心，是其成長最重要觸媒劑之一。

遊戲也是學齡前兒童的學習手段，不同的遊戲及相關玩具，都具有促進其發展智能、體能的功能，例如玩積木，可以訓練其空間概念，玩家家酒遊戲，可以幫助其透過角色扮演的過程，讓他們體會不同角色的工作及心境，更可以激發其想像力；洋娃娃及填充玩具可以帶給他們情感上的寄託；美術勞作，既可訓練及對色彩、空間的認識，又可以培養其美感；兒童遊樂場地的各類器具，可以促進其體能發展。

學齡前兒童的玩具及遊戲不必太過複雜，許多玩具更是以簡單為主，最好可以父母與孩子一同創作，其進行過程中，對於孩子而言，也是一種有趣好玩、又可以學習到許多東西的遊戲。

訓練階段 小學低、中年級

訓練內容

* 各種棋類，如象棋、西洋棋、五子棋、圍棋等。
* 各種撲克牌遊戲。
* 各種球類，如皮球、躲避球、籃球、棒球、羽毛球、乒乓球、足球等。
* 各種體能遊戲，如跳繩、滑梯、鞦韆、跳跳床，及各類攀爬玩具等。
* 騎自行車、越野單車等。
* 游泳、划船，及各類水上活動。
* 溜冰，或直排輪鞋等。
* 團體遊戲，如跳房子、捉迷藏、跳飛機等。
* 放風箏。

* 玩風車。
* 簡單的電腦遊戲等。

訓練目標

對於低年級孩子來說，遊戲就是學習。遊戲對於潛在能力的培養，比看書更重要，例如以小學生下課時常玩的「跳房子」來說，孩子可以從中學習到用多大的力氣才能把小石塊準確的踢進格子裡、如何小心跳在方格內才不會犯規、每個孩子要輪著玩、如果犯規就要由別的孩子遞補、輸了不舒服但不必太難過、下次用心一點就比較容易贏、不遵守遊戲規則下次就沒人願意和自己玩了。

遵守遊戲規則、與他人和睦相處、懂得分享與等待、失敗了再接再厲等，這些為人處世的基本態度，每一樣都是孩子成長所需，透過遊戲中學習，比書本上的理論要容易且有趣多了。

訓練階段

小學中、高年級

訓練內容

* 各類體育活動、益智遊戲，以及團體遊戲等。
* 電腦遊戲，以及簡單的上網遊戲。

＊與個人興趣結合，並激發進一步研究的器材，例如望遠鏡、顯微鏡、科學模型、立體拼圖、化學儀器等。

訓練目標

小學中、高年級的學生仍然是喜愛玩遊戲的，甚至他們小時候玩的一些團體遊戲，如捉迷藏、大風吹等，對他們仍然具有吸引力，只是，他們更喜愛規則複雜的遊戲。例如，同樣是電腦遊戲，那麼以前玩遍的簡單遊戲，或是益智性的遊戲，他們可能已經不再感興趣了，而要玩一些程度較高的新遊戲。

這個階段的學生也仍然熱愛玩具，但是不會再迷戀如洋娃娃之類的玩具，連他們自己都會覺得玩這種玩具「太幼稚」了，取而代之的是最新、最熱門的流行玩具，因為他們容易受到電視、同學的影響，如果孩子有這種傾向時，家長應該適時勸導，並設法轉移他們對流行玩具的興趣。為了要培養孩子良好的興趣，激發其學習特殊領域的潛能，家長可以選擇一些比較精細、品質良好的玩具給年紀較大的孩子，例如立體拼圖、科學模型、望遠鏡、顯微鏡等等。

中、高年級的學生已經具有相當的自立性，他們對於自己的玩耍方式、內容、時間都會有所堅持，例如，有些孩子偏愛靜態的益智性遊戲，下棋、玩撲克牌、打電玩等等，有些則偏愛動態的體能活動，如各種球類、游泳、騎單車等，父母應該教導孩子規劃不同的的遊樂戲項目，使內容更豐富；此外，這個階段孩子的課業壓力會愈來愈重，孩子也必須學習如何妥善規劃與分配遊戲與做功課、讀書的時間。

八：電視、電腦、電動、上網

電視、電腦、電動玩具，以及網際網路等，從四面八方入侵孩子的生活，令現代父母又愛又恨，如何處理孩子面對這些新科技產物？成爲父母最頭痛的問題之一，而這也是現代親職教育界爭議最多的焦點所在。

新時代的洪水猛獸

不少人把電視、電腦等視之爲洪水猛獸，避之爲恐不及，認爲這些都是殘害孩童身心，剝奪孩童創造力、想像力、思考力，及主動學習精神等的最大殺手。

許多教育專家撰文大力抨擊這些與兒童生活十分密切的新科技產物，不論是電視（即使是所謂益智性、教育性節目）、電腦、上網等，都對兒童有百害而無一益，至於「電動玩具」，根本不承認它是「玩具」，因爲它不符合玩具「能提供創意、想像力的玩耍機會，並啓發建設性的學習」的要求，兒童教育專家約翰•洛門斯(John K. Rosemond)說過：「這種玩具（指電動），從最好的角度來看，毫無價值；從最糟的角度來看，深具危險性。孩子愈小，潛伏的危險性就愈大。」

即使是一般的家長，對於這類產品深惡痛絕的也大有人在。我就認識不少個家庭，爲了避免孩子深受電視蠱惑，因此家中沒有電視，其中一個家庭分別有個十二歲、十歲，及八歲的男孩；我的一個加拿大的英文老師在數年前決定送走家裏的電視，當工人來搬走電視時，她家中最年幼的孩子（當時只有十一歲），反應悽慘，「她坐在地上痛哭哀嚎、慘叫打滾……簡直像是世界末日到來。」

我的老師形容她女兒：「她因此恨我，恨了好長一段時日。」

有些家庭雖然不至於採取如此激烈的手段，但是卻嚴格限制孩子看電視的時間，因爲怪力亂神、幼稚可笑的爛節目充斥，有教育意義的好節目卻不多，就算有，孩子看多了也未必好，因爲一來傷害眼睛不提，還會抑制孩子的主動精神及創造力，而時間又是有排擠效應的，電視看多了，就會妨礙到其他活動的進行，因而又會影響他們的溝通技巧、社會化程度、發展肢體技能等等。

無論如何，幾乎沒有一個家庭不時常爲了看電視時間長短、內容等問題而爭吵不休，因爲孩子想要看的節目往往與父母的不同，而且再多的時間給孩子看

電視，他們也總是覺得不夠。

至於電腦遊戲、電動玩具，以及上網的問題，常常也是親子大戰，甚至反目成仇的肇端，難怪許多家長厭惡這些產物。

人「機」關係傷害人際關係

許多人懷念過去沒有電視、電腦的時代，因為家人相處的時間較多，感情也較親密，但是自從電視、電腦侵入家庭之後，家人相處的質、量都改變了，家人之間的互動減少了，共同活動的項目更少，一家人各看各的電視、各玩各的電腦或電動，現在更糟糕的是，大家各上各的網，每個人都有自己的專注目標，而不是與家人一起分享的。

電視、電腦或電動玩具、上網等活動，看起來似乎都是可以和別人一起從事、一起交流，但其實不然，主要都是各自的反應為主，看電視如此，玩電腦更是如此，即使是可以一起玩的電腦、電動玩具也是一樣，許多遊戲都是各自計分，只是在比賽得分高下而已，談不上合作、交流等互動可言。在我看來，所有這些機器，與其說是你玩它，不如說是它玩你，開關一開，你就必須依照它的畫面變化，操縱手中的控制器，你身體緊張，表情僵硬，心情隨著分數高低而起伏，表面上是你在控制按鈕實際上是機器在操縱你的心智。

至於上網，更是問題一大籮筐，在網路上與別人溝通，其實和人與人實際的相處是有很大差別的，因為人與人相會，可以感受到對方的表情、情意，但是透過網路，不但得不到這些，更糟糕的是，上網時，人們所面對的不只是無法傳遞肢體訊息的人而已，有時還是奇怪的陌生人、虛擬的人，說穿了，都只是機器而已。

所以，愈是人「機」關係很好的人，其人「際」關係愈是不好，因爲他們沒什麼時間和人交往，也沒有好好學會如何與人相處。

網路世界衝擊親職教育

我承認電視、電腦等新科技產物對孩童身心發展，以及親子相處素質，造成某種傷害，尤其是耽溺於其中的話，其潛在的危機就更深。但是，我卻不贊同採取迴避的方式來解決問題，事實上，一味地迴避只會製造更多的問題，或是使問題更加惡化而已。

我們必須認清楚，今日我們所處的時代，就是一個新科技充斥的時代，高科技無所不在，我們無所遁逃於天地之間，我們的下一代更是如此。

有些家長，本身就討厭任何科技產物，因爲它們沒有人性、沒有溫暖；有些人則是害怕科技產物，因爲很難理解，但是沒有人可以回到過去——過去那個美好而古老的時代。

如果父母老是跟孩子說，在以前沒有電視、電腦的時代，人們多快樂、生活如何單純等等，他們只會覺得你是永遠活在過去，無法適應現代社會的老骨董罷了。

做爲現代社會的父母，不論你本身是多麼排斥新科技，還是必須去了解不同科技產物的功能與影響，而這並不是說，我們必須隨波逐流，凡是別人家有的產物，我們家也要有，而是所有事物都有利害兩面，如何取其利、避其害，才是積極的態度。

台灣由於是電腦王國，電腦的普及率很高，而孩子玩電腦、上網的年齡層則有日益下降的趨勢，做家長的也難以抗拒這股潮流。

電腦軟體因爲單價不低，所以家長尚可控管，但是網路的世界卻漫無邊際，家長就算有心，也難以完全掌握。

有關上網衍生的社會問題、教育問題，現在正如排山倒海而來，而相關管制法令卻始終跟隨不上，也難怪許多家長、教育人士憂心忡忡，而不少關心新生代成長的團體，也不斷提出呼籲，要政府、學校，以及家長共同注意有關問題。

我相信所有的事情如果能事先採取防範措施，都能達到一定的效果，就怕家長不聞不問，或是因爲過度害怕，而採取全面圍堵的政策。例如，我就認識幾個家長，他們根本不讓孩子上網，其中，有一個家庭還有兩個上高中的孩子。但是到最後，這些家長都一一放棄了。

防制最好的辦法，應該是訂定規定，並且確實執行，例如，不要讓孩子自己擁有一台電腦，我自己家裡，以及我的幾位朋友家裡，都是把電腦設在父母的書房，孩子上網時，父母隨時就近查看，或者，事後父母再查看。我的一位友人，每天下班後，不論自己如何勞累，他一定要去開電腦，查看孩子所上過的網站。

網路的世界多采多姿，連大人都會著迷，甚至有時還可能上當、受騙，更何況年幼、又缺乏判斷力及自制力的孩子。不論孩子如何要求有自己上網的權利，父母採取嚴格檢查的決心及作法是一定要堅持到底的。

電視問題層出不窮

再以電視而言，電視對現代人的生活造成的影響非常龐大，它快速地改變現代人的生活面貌，雖然它的出現，並不超過半個世紀，而人類的歷史卻有幾千年。

在我看來，電視是最好的傳播工具，那些一味反對電視的人並沒有想到，如果沒有電視的話，許多重要的新聞無法以聲光、視覺的方式傳送到世界不同的角落。我到今天都還記得小時候，與家人、鄰居一起圍在電視機前面，一起收看美國太空船登陸月球的新聞轉播，如果沒有電視，我那種年紀的小孩，甚至許多成年人，根本無從想像太空船及太空人是什麼?月球又是個什麼光景?

電視在教學用途上也具有多重貢獻，

現在有數不盡的教學節目都必須依賴電視，如果沒有電視，如何去向孩子解說南極的企鵝在冰天雪地的生活景象，或是非洲大草原萬獸奔騰的場面？兒子與我特別喜愛觀看動物或植物的成長過程，例如一朵花從種子、發芽、抽苗、長成花苞，一直到開花的經過，如果沒有電視，我們又如何能揣摹想像呢？

電腦、上網也具有教學價值，許多資訊利用電腦傳播更爲快速、準確，利用它來寫作、編輯、查詢資料，以及與遠方的親友連絡等，省掉人們多少寶貴時間。

撇開教育價值不談，這些新科技產物都具有很大娛樂作用，這也是其他任何傳統型玩具所無法取代的，難怪現代的小孩對它們迷戀不已，就這一點而言，家長是絕對辯不過小孩的。

天底下的孩子都一樣，任何一樣東西好玩、新奇，就足以吸引他，否則他就不是正常的小孩。把古時候的一個孩子從墳墓裏吵醒，讓他玩一玩電腦、看一下電視，他一樣也會愛上的。

光就消遣、娛樂的角度而言，我們實在沒有必要刻意排斥電視。不要說孩子需要娛樂，大人也需要啊！

對電動產品採取限制手段

我想，電視、電腦等物，其對孩童身心發展的不良影響，最主要是兩方面的，一個是它的軟體不好（不良的節目及遊戲、不正確的資訊等等）；另一個，就是因爲它們太容易讓人上癮了，有人就形容電視、電腦爲「帶插頭的痲醉藥」（the plug-in drug）。

把電視機從家裡搬走，會讓孩子有更多的時間從事別的活動，我的幾位家裏沒有電視機的友人，都特別用心安排孩子的活動，從室內靜態的、到各種戶外體育活動等等，他們的孩子果然身心平衡，個性也十分活潑開朗，也沒有因爲未曾看過一些通俗的熱門節目，而在學校交不到朋友；而我英文老師的小女兒，如今也已經適應沒有電視的生活，她轉移興趣到音樂上，聽上成千上百種音樂，同時，她在學校的功課進步了，她甚至轉學到一個可以由學生們自行設計旅遊教學課程（旅遊時間長達三至六個月）的特殊中學了。

雖然，我十分激賞這些家長對孩子的付出，也欣然看到他們的孩子有不同流俗的表現，以及不隨波逐流的性情，但是，我自己卻不可能、也不願這麼做。畢竟每個人的生活價值觀不同，我要自己以及孩子能夠適應現代社會的生活，包括好的，也包括壞的。在孩子紀還小時，我有權利、也有義務幫他做一些規劃，幫他篩選掉一些對他不利的，但是，我不可能讓他生活在無菌室裏，永遠保護他。

兩、三年前，我的兒子開始迷上玩電動玩具；一年多前，他開始喜歡上網，剛開始我們夫妻十分擔心，可是我們仍然買電動玩具給他，也允許讓他上網，但是我們爲他設下許多但書，例如只有週末、假日可以打電動、玩電腦遊戲；上網每天不能超過半小時，而且，他不能一個人躲在自己房間玩（當然電腦、電視都不放在他的房間）。

到現在，兩、三年過去了，他的電動玩具及電腦遊戲沒有超過十個，他有一個手機電動玩具也已經不再玩了，這就如同前年他迷上「口袋怪獸」，如今則完全免疫了一樣；他也喜愛看電視，卡通、短劇，甚至新聞性節目（尤其是介紹動物奇觀、太空科學的節目），但是他一天只看一個小時，有時候，他幾乎都忘了要看電視，因爲他常常邀請朋友來玩，或是去找朋友打球、游泳等。在我家，一連好幾天電視不開機是常有的事。

他有各種不同的好朋友，有一個朋友是運動健將，擅長各種戶外活動；有一個朋友卻是「沙發馬鈴薯」（couch potato），在他們學校的一份「學童每日看電視時間及節目調查」中，他這位「沙發馬鈴薯」朋友，每天要看至少三小時的電視，而據學校交給家長的這份調查報告結果顯示，像他這樣的孩子，佔學校學生的二分之一強。

我兒子的學校在這個調查之後，發起了一個「不看電視競賽週」活動，如果學生每天不看電視達一週（每日必須由家長簽字作證），可以獲得獎品及獎狀。

結果如何？成效當然不佳。

我兒子說，剛開始前幾天，大家都還蠻在乎的，但是到了第三天起，就已經有人放棄參賽了，連我兒子在第四天起，就開始看電視了。

我想，這就是人性，人性就是有弱點，孩子是人，就會有弱點。如果家裡一定不要有電視，孩子可能不會受到引誘，但是，他不可能一輩子都不會受到引誘。

想想看，爲什麼在伊甸園裏，上帝要特別種了一顆智慧果樹呢？

〈實用手冊〉

訓練階段

學齡前幼兒

訓練內容

＊觀看兒童教育性節目。

＊學習基本電腦操作方法。

＊玩簡單的益智性的電動遊戲。

訓練目標

不必急著讓學齡前幼兒開始接觸電視電腦，或電動玩具，雖然很多廠商強調，許多益智性軟體、教育性節目，應該讓孩子愈早學習愈好，不過，他們的可信度仍然值得懷疑。

如果是基於為了增加孩子生活的樂趣，以及擴展學習的範圍，可以在孩子四、五歲起，讓他們接觸電視、電腦等科技產品，並且仔細為他們挑選具有正面教育意義的節目，有些不錯的卡通及戲曲、歌唱節目，也適宜與孩子一同觀賞。

在觀賞之後，可以與孩子一起討論，或讓孩子學習其中的內容。

年幼的孩子看電視、玩電腦，每天以一次為限，注意每次不要超過半小時；

更小的孩子，則以二十分鐘為限，以免傷害眼睛，並避免沈迷其中。

訓練階段

小學低、中年級

訓練內容

* 與孩子訂定看電視、玩電腦的規定，包括限定的時間、場所等。
* 每天看電視時間不要多過一小時，每半小時必須休息眼睛，以及活動筋骨。
* 避免孩子自己一人看電視、玩電腦、上網。
* 先做好功課才能看電視、玩電腦。
* 與兄弟姐妹或朋友一起玩電動遊戲，必須遵守輪流玩的規則，不可以有爭吵、霸佔等行為，否則就沒收。

訓練目標

小學生喜愛電視、電腦的程度已經超越幼稚園時期，他們還很容易從同學口中獲得相關的資訊，有些遊戲軟體還會輪流借用，家長必須特別注意其間是否因借用問題而產生糾紛。

手足、朋友之間，因為看選擇觀看不同的電視節目，或因玩電腦比賽輸贏等問題而爭吵的情形時有所聞，家長必須先與孩子約法三章，以防範未然。

為了避免孩子過於沈迷於電動、電視等科技產物，必須與孩子訂定使用規則，並且嚴格執行。

訓練階段

小學中、高年級

訓練內容

* 避免孩子獨自一人玩電腦、上網等。
* 與孩子協定，父母有權檢查孩子所上過的網站。
* 為孩子介紹優良的網站。
* 確實執行家庭有關看電視、玩電腦的家規。
* 先做功課才能看電視、玩電腦。
* 每日看電視時間不宜超過一小時；週末、假日才能玩電動，及電腦遊戲。

訓練目標

小學中、高年級容易自朋友處獲得電視節目、遊戲軟體的資訊，甚至會以談論相關內容為樂，家長不宜嚴禁，仍應設法誘導參加多樣性活動，以開拓生活內容。上網問題已經成為現代教養的大考驗，在有關限制法令未成熟前，家長本身就要做嚴格的守門人，以免兒女遭受不良影響。

九：課業表現

每一個關心子女教育的家長，幾乎很難不重視子女的課業表現，雖然，絕大多數的家長都知道，孩子在成長的過程中，身心必須平衡發展，而且在學校的學習上，應該德、智、體、群、美等五育並重，但是，當孩子的成績單一拿回家，家長最關切的還是智育的分數。

重視課業成績其來有自

許多教育學者一再呼籲，不要太在意孩子的課業成績，讓孩子擁有健康的身體、健全的智力、穩定的情緒、良好的品行、積極的人生觀等等，絕對比孩子課業分數的高低更重要。

誠然，這類的說法都非常有道理，只是有時候並不能切合實際需要，而給人有唱高調之感。

試想：如果不要求孩子在課業上有所表現，他們在今天台灣這個以成績分數來評斷學生高下的教育制度，以及重視學科成就的社會環境下，如何能夠生存下去？孩子將來長大後，又如何開展他們的生涯規劃？

難道就如同有些人建議的：讓孩子脫離台灣今日的教育體系，另尋一條生路。例如，去上森林小學、移民他鄉，或是乾脆就想開一點，反正兒孫自有兒孫福，讓他們擁有一個快樂的童年，這比什麼都重要，因爲，童年只有一次，失去了就永遠不會回來了。

然而，這種「另類的選擇」卻有許多的限制，做這類選擇的家庭，甚至要付出更大的代價：森林小學學費不低，而移民問題則茲事體大，牽涉到許多複雜的考量因素。總而言之，「另類選擇」並不適合普遍的社會大眾。

其實，在今天台灣的社會環境與教育體制之下，一般家長在面對孩子的課業學習，其所能做的選擇其實非常有限——對於一個普通的家庭而言，讓孩子上公立學校，父母所能做的最好的事，恐怕就是督促孩子認眞學習，讓他適應學校生活，否則，只有讓孩子在強大的升學主義浪潮下被淹沒。

課業成績不等於教育成就

我認爲，爲人父母關切子女的課業表現有其必要性，而且父母也必須在孩子年幼時，爲子女尋求一些能夠激勵他們努力向學的方法，其最終目的在於使子女能夠自動自發的學習，並在課業上有優異表現。

當然，課業成績並不等於教育成就，因爲課業成績只是教育的一部分而已，因此，孩子的課業成績良好，並不是表示教育成功；但是，反過來說，孩子的課業成績不佳，卻表示教育上的某種缺失。孩子的課業成績不佳，反映出的教育缺失是多方面的，可能是孩子不能適應學校學習；或是學校提供的教材及教學方式不能配合孩子的需要；或是孩子對學校學習缺乏興趣；或是孩子的學校學習出現障礙，包括理解力不足、專注力不夠、過度粗心大意、敷衍了事……

總之，孩子的課業成績不佳，都提供一些孩子在學習上的警告訊號，家長必須仔細探究，了解在分數背後所代表的含意。

不過，今日在台灣教育上出現的問題，卻主要不是在於孩子課業成績不佳上面，事實上，關心孩子教育的家長，一旦發現孩子的成績不佳，無不儘速尋找原因，並找出解決對策。那麼主要的問題出在哪裡？就是有許多家長常把孩子的課業成果與教育成就劃上等號，並且因而忽略了孩子在教育上的其他需要。

漸進式的因勢利導

我一直相信人的潛力無窮，我更相信一個身心平衡、健康又快樂的孩子，具備強烈的好奇心，喜愛學習各類知識，當然也包括學校的固定課業。雖然每個孩子的性向有異、專長不同，不過，對於一般性的課業學習，都可以維持在一般孩童的平均水平，如果，能夠有更好、更有效的方法激勵他們的學習，則將促使他們的成績超越一般的水平之上。

父母有責任去輔導孩子在課業上有所進展，當孩子的成績低落或學習退步時，父母應該表示關心，並協助子女謀求改善之道。不過，凡事過猶不及，父母關心子女課業的成績，最忌矯枉過正，否則將可能造成子女的壓力，或是形成子女對分數的心理負擔。

以一個身爲家長的過來人的立場，我認爲父母面對子女的課業表現，最好是採取漸進式的因勢利導，也就是隨著子女年齡的增長，身心成熟度的進展，逐漸灌輸孩子必須努力課業成績的觀念，而且，也慢慢讓子女了解自己對他們的期許，包括他們應該盡其所能地去探索自我的潛能，日益擴大自己的學習範圍、加深自己的專注力與耐心，直到子女能夠爲自己的課業負責，並且有能力自我設立合乎實際的目標，對自己的成就感到自豪等等，在父母這種積極正面的鼓勵與期許之下，子女就會日益明瞭課業成績所代表的眞正意義。

〈實用手冊〉

訓練階段 小學低年級

訓練內容

* 協助初上小學的孩子作家庭作業，隨時提供意見。
* 讓孩子養成每天在固定時間寫功課，而且，最好在限定的時間內完成，例如以二十分鐘至半小時為限，如此將有助孩子能夠專心一致，避免拖拖拉拉，漫不經心。如果功課很多，無法在半小時之內完成，那麼每做完半小時的課業後，讓孩子休息一會兒，不要要求孩子一口氣就想要把功課趕完，以避免過於緊張，或是潦草了事。
* 養成在固定地點寫功課的習慣，最好能在孩子的房間，避免在客廳、廚房、或是任何有其他人干擾的地方。
* 對於小學低年級學生寫功課的成果，不要吹毛求疵，避免給予太多壓力。

訓練目標

父母處理初上小學孩子課業的方式，將成為日後許多事情的先例，因此必須十分謹慎，例如，從一開始就讓孩子養成定時、定點寫功課的習慣，絕對不能讓他們養成邊寫邊玩、邊吃東西、邊看電視等不良習慣。

讓年幼的孩子從小就了解學習是一件必須認真對待的事，而不可以用散漫、敷衍的態度從事；不過，低年級學童每天寫功課的時間不宜太長，最好在二十分鐘至半小時之內完成，即使可能他們的課業份量不少，也不要要求他們一口氣就完成，每半小時之後，一定要有休息的間隔時間。

台灣小學低年級的學生功課已經很重，記得我兒子上小學一年級的第一天，老師已經開始教國字——她要學生上台寫自己的姓名，並要寫得不好的同學回家練習——至於注音符號則幾乎是在兩週內快速教完，或者更明確地說，是在兩週之內迅速「複習」一遍，因為幾乎所有的孩子在幼稚園階段已經都學過了，只有極少數例外，我的兒子就是其中的極少數，因為他就讀的是相信教育部指示的幼稚園，認為在上小學以前，幼兒不必學寫字、學寫注音符號。

可想可知，我兒子在初上小學的開始幾週，為了要趕上別的同學的進度，費了不少功夫，所幸，不久之後，他終於趕上了，但是卻讓我這個從過去堅信不要超前學習的家長，改變主意，因為台灣小學的教育體制與教育專家所鼓吹的還有一段距離。

訓練階段

小學中年級

訓練內容

＊每次寫功課的時間可以稍微增長，例如增加為每次三十至四十分鐘，但是，不要一次增加太多，即使可能當天的課業很多，或是將準備考試，仍不宜超過太長的時間，而且，中間必須有休息時間。

＊孩子必須漸漸能夠自己獨力寫作業、複習功課，只有在遇到困難時，才能求教於父母。

＊教導孩子能夠閱讀與學校學習科目有關的課外知識，不論國語、自然、社會等等，都可以參考兒童百科全書，或上圖書館借閱相關的圖書資料。

＊逛動物園、博物館，以及到郊外踏青等，也是擴大或延長學習的方式，讓孩子了解學習不能只靠學校課本，也不能只靠印刷文字，而應該更全面才行。

＊讓孩子把所學的知識在現實生活中應用出來，例如數學的加減乘除就是最好的實例，帶孩子去購物時，不妨讓他付錢，並計算該找回的零錢。

訓練目標

如果台灣的家長知道在加拿大的小學生每天有多少家庭作業的話，恐怕沒有人不會大吃一驚。

加拿大小學生課後作業的分量是依據學生年級高低來決定，一年級生的作業大約是以十分鐘可以完全而定，二年級則為二十分鐘，依此類推，六年級的作業大約是一小時。但是，基本上，每個老師出的課後作業都低於這個標準，學生可以在學校利用時間完成，此外，更特別的是，所有的老師幾乎都不會在週末、假日（包括任何長假期、寒暑假等）出作業。換句話說，課後作業只在平日上學的時間才有，更明確的說，也就是只有週一到週四才有。小學生放假就是讓他們鬆弛身心，而不是用來趕作業的。

與加拿大相較之下，台灣小學生的課後作業分量明顯較多，尤其中年級的學生，每天回家的功課就多達一個小時以上，而且，平日各種學科測驗不斷，平均是每週一至兩次隨堂小考，每月一次月考，在我的印象裏，兒子升上中年級以後，考試幾乎是從不間斷的。

中年級孩子的課業分量實在不宜過重，如果孩子遇到比較嚴格的老師，每次出的課業較多，考試又多的話，父母有必要適度協助子女，尤其是不要讓孩子為了趕作業而造成草率、急切的態度。

中年級開始，學生應該擴大其學習範圍，最好是配合學校所學，再閱讀相關的課外讀物、百科全書，以及上圖書館、博物館、動物園參觀等。

此外，父母並應鼓勵孩子在日常生活中把所學的東西加以應用，教導孩子如何把死知識變成活知識。

訓練階段

小學高年級

訓練內容

* 讓孩子養成自動自發溫習課業、寫功課的習慣，脫離依賴父母、或要父母伴讀的習慣。
* 教導孩子能為自己的課業成果負責的態度。
* 教導孩子設定達成課業成果的目標，如果不能達成預期成果，必須重新規劃目標，直到找出最切合實際的計劃為止。
* 加強閱讀課外讀物，養成多方搜集相關知識的習慣，上圖書館，甚至利用電腦網路尋找資訊，也是擴大學習範圍的方式。
* 配合學校學習科目，參觀校外文教活動，例如博物館、美術館等等。
* 每次做功課的時間逐漸增長，但仍應以一小時為限。
* 將所學應用在實際生活上。

訓練目標

自動自發的做功課、為自己的課業成果負責、自行規劃學習目標、擴大學習層面，以及應用所學知識等等，都是小學高年級學生在面對課業時，應該具備的態度。

教育的最終目標，就是在教導孩子自動自發的學習，如果孩子在小學高年級時，仍是每天依賴父母的督促、叮嚀，才能夠寫作業、溫習功課的話，父母必須趕快找出解決之道，否則當孩子上中學之後，課業的負擔更重，不但孩子更不能適應，父母親也會更加辛苦。

十：學習態度與讀書習慣

所謂「活到老，學到老」，學習是一輩子的事，而良好的學習習慣則應從小就培養，如果能一直維持良好的學習習慣，將使你一生受用無窮。

自發性學習最重要

人從一出生呱呱落地，就開始在學習，學習是永無止盡的，而學習的範圍也無邊無際，只是學習的成效卻因爲態度的不同，而產生很大的差異。

讓孩子能夠有效的學習，並且一直維持著認眞的態度，以及強烈的熱情，主動自發的學習，是每個做父母的心願。學習也是無時無刻持續進行的，孩童透過各種方式學習，從玩玩具、玩遊戲、做家事、聽故事、聽音樂、看電視、看電影，一直到讀書、上課等等，都是兒童吸取知識及經驗的過程，學習態度良好的兒童，能夠從這些過程中，迅速而大量的吸收，並轉化爲對自己有效的知識智能；反之，缺乏良好的學習態度的孩童，做什麼事都漫不經心，連玩玩具、打電動，以致於讀書、上學都感到無趣，因此同樣是花費許多功夫、力氣，但是學習成效卻很差。

爲了促進孩童知能開發，學習的內容也必須加以規劃，例如，兒童透過遊戲、玩樂，或是與朋友、家人相處，也是可以學到東西，但是，選擇某些特定科目，集中精神學習，例如讀書、上課、閱讀課外讀物等等，將更能激發兒童的潛力，因此，家長必須爲孩子做一些時間分配，使其生活內容豐富，學習項目多采多姿。

學習任何特定知識或技能的過程，不可能永遠有趣，每個孩童在面臨一個新的事物時，多半會因爲好奇而產生興趣，但是當學習初期的新鮮感消失之後，必須面對的是反覆的練習，甚至在邁入新的學習階段之前，總是遭遇一些困境，有的牽涉到理解力，或是較高級的技能有待克服，此時，就容易出現倦怠，並想要逃避的情形，家長必須從旁協助，必要時，以言語鼓勵或實際獎賞方式來誘導，使其渡過學習難關，而能邁向新里程。

養成讀書習慣最可貴

在所有學習行爲中，良好的讀書習慣是對兒童知能開發最重要的一環，如何讓孩子喜歡讀書，並且持之以恆，是許多家長必須面對的課題。

喜歡看書的孩子，學習能力比較強。有學習能力的孩子，遇到解不開的難題或是沒見過的問題，才能沈著應對，主動尋求解答。

單靠教科書，培養不出博學多聞的孩子，在學校功課好的學生，不代表其他各方面的知識已經足夠，因爲學校教科書只是學生基本知識的奠定而已，孩子必須要具有閱讀課外讀物的興趣及習慣。

想要孩子喜歡閱讀，首先當然要有適合他年齡的書，而且多多益善。父母在選擇書籍上，應顧及孩子的興趣，與孩子興趣範圍相符的書，孩子自然會有主動閱讀的慾望。學齡前的孩子，適合幻想性的書，古今中外童話、神話故事都適宜；小學之後的孩子，就可以廣泛閱讀知識性的書籍，特別是百科全書。

從閱讀中可以培養出孩子的豐富語彙能力、思考力與想像力，這是未來學習與就業的必備基礎；廣泛的閱讀經驗，還能使孩子對人類社會各種層面有更深入的觀察，更適當的表現自己。

設法激發孩子的好奇心

此外也應該多充實孩子的生活體驗，激發孩子的好奇力，如此更能增加孩子主動學習的動力。例如帶孩子到郊區田野走走，他可能會主動吸取與昆蟲有關的知識；帶孩子去動物園之後，他可能會主動閱讀與動物有關的書刊；帶孩子乘坐捷運之後，不妨與他一起閱讀介紹各國捷運系統的書籍。

久而久之，孩子就會了解閱讀可以增加知識，閱讀可以獲得答案，解決問題。當他有了好奇心，他就會向書中求取滿足，當他有了問題，他就會向書中找尋答案。養成了這種求助於書的習慣，他將終生受用不盡。

父母不要認爲孩子的閱讀範圍，就該與學校的課程進度一致，也不要在乎孩子閱讀課外書不能使學校的成績增加，甚至是些許影響了學校的成績。

好奇、好學的心與習慣，可能比學過多少、記憶多少更重要。孩子的一生中將面臨的問題，又豈是學校的教育就能夠提供所有答案？學校的教育只是在教導孩子尋找答案的方法與能力。至於終生的尋找答案，還是要靠自己。童年就養成閱讀的習慣，長大後遇到問題，才會習慣的往書中找答案，而不是人云亦云或是不求甚解迷迷糊糊。在科技發展一日千里的今天，尤其是電腦科技的快速成長，造成了前所未有的資訊爆炸時代，因此現代父母面對兒童閱讀問題時面臨前所未有的新挑戰，不只是孩子讀書的內容五花八門，常常是多到令人無所適從，甚至提供資訊的管道也千奇百怪，令人目不暇給。

「閱讀」行爲不再侷限於書本

今天所謂的「讀書」，已不再只侷限於傳統的「閱讀書本」，從電視、電腦網路，都可以讓人「閱讀」、吸收資訊，如今資訊傳播依賴圖像的比例也日增，許多刊物甚至多過文字，對兒童而言，圖像的吸引力遠勝過文字。

每一位父母都希望孩子博學多聞，但是，今天已經不可能期望孩子乖乖地坐在書桌前，終日抱著書本就達到增廣見聞的目的，兒童的閱讀行爲已經產生相當改變，父母也必須配合新科技時代快速變遷的腳步去了解有關的變化。面對孩子的學習，父母應該要有輕鬆愉快的心情，認眞而不苛求的態度，耐心而不囉嗦的指導，要持之以恆而不可操之過急。

〈實用手冊〉

訓練階段　學齡前幼兒

訓練內容

＊當孩子長到兩、三歲，對於外界事物有強烈好奇感時，就可以安排一個寧靜時刻，每次約半小時，讓孩子開始學習一些特定項目，例如堆積木、玩組合玩具、畫圖等等。寧靜的氣氛有助於孩子集中注意力，以培養其專注的習慣。

＊當孩子再大一點，大約三、四歲起，每天固定讀書給孩子聽。為孩子讀書時，可以讓孩子一起翻閱，尤其是兒童圖畫書，一面讓孩子因為翻閱的動作而激發興趣，一面可以讓孩子看到圖片，進而從圖畫了解故事內容。

＊為孩子讀書之後，鼓勵孩子重覆朗誦故事內容，或是簡單敘述故事大意，學齡前幼童的記憶力相當驚人，通常對於他們自己喜愛的故事更有強烈印象，一般可以在聽過大人閱讀幾次之後，就可以跟隨朗誦，甚至背誦出來。

＊鼓勵孩子述說學校發生的事，或是老師授課的內容。

＊利用聽音樂、聽兒童故事錄音帶、看兒童益智電視節目、或是兒童電影等方式，刺激幼兒好奇心，進而產生學習興趣。

＊開始摸索電腦基本使用方法，四、五歲的兒童也可以閱讀電腦書，以及玩

一些益智性的電腦遊戲。

訓練目標

學齡前幼兒的學習是非常廣泛的，任何可以引發其興趣的事物，都可能成為其學習目標。這個階段的孩童的可塑性非常高，父母親應該盡其可能去發現孩童的潛能，一些特定的學習項目在這個階段就可以進行，例如學音樂、舞蹈、繪畫及基礎美術等。

此外，像讀書習慣的培養，也可以在孩子三、四歲開始奠基，即使兒童還不認得文字，但是父母還是可以與孩子一起閱讀書簡，或是聆聽有聲書籍

四、五歲的兒童也可以開始嘗試使用電腦新科技學習產品，至於初級電腦使用方法，例如電腦動畫製作等，也可以讓孩子開始摸索。

訓練階段

小學低年級

訓練內容

* 讀書給孩子聽。
* 提供孩子在家固定專用的讀書場所，不見得是孩子自己的房間，最好在父母視線範圍內。
* 除了學校固定的課業練習之外，還要有一些課外學習活動，但是內容不宜

太過複雜，以免造成孩子無法專心及精進。

＊每日有固定學習的時段，持之以恆，以養成習慣。

＊提供孩子寧靜的學習空間。

＊鼓勵孩子述説學校發生的事，或是老師授課的內容。

＊鼓勵孩子大聲朗讀。

＊利用各種新科技的學習工具，刺激孩子的好奇心。

訓練目標

小學低年級的學習範圍比起學齡前兒童更是廣泛，這個階段除了學校的學習之外，任何可以引發其興趣的事物，都可能成為其學習目標，父母可以與孩子一起摸索探討，並幫助孩子找出最適合其性向的項目，開始進行鑽研。

學習最忌漫無目標，以及漫無頭緒，否則就會造成「樣樣通、卻樣樣鬆」的現象。對學齡前的幼兒而言，只要可能引發其興趣的學習項目，都可讓他們接觸，但是到了小學低年級起，就要開始選擇一些特定的學習項目，並且有固定的練習時間，直到技藝精通為止，如此才不會造成孩子注意力不集中或疲於奔命。

訓練階段

小學中年級

訓練內容

＊逐漸增加每日固定學習的時間。

＊鼓勵孩子自行練習課業，或其他任何學習的行為。

＊鼓勵孩子自己設立不同學習項目的學習標的。

＊父母為孩子買書，選擇與孩子興趣有關的書籍送給孩子，鼓勵孩子自行閱讀。

＊親子一起逛書店或上圖書館，讓孩子選擇自己想要閱讀的書籍。

＊鼓勵孩子講解他看過的書，或是以其他活潑生動的方式，例如以寫作、繪畫、美勞、歌唱、戲劇表演、電腦動畫等，來表達他的學習成果。

＊指導孩子培養規劃能力，教孩子依輕重緩急，安排順序，將時間做有效率的使用。

＊指導培養複習能力，尤其是如何準備考試，像是期中、期末考這種規模較大的考試，需要有分配時間、科目，依序複習的能力。

＊教導孩子如何克服學習難關，有時必須學會勉強自己學習。

訓練目標

學校課業的學習比重對於小學中年級的兒童已經開始逐漸增加，至於一些課外特定的學習項目，在此時也逐漸進入一個新的階段，甚至可能已經面臨一個轉捩點，或者面臨更高的難度，需要更多的反覆練習。

小學中年級起，也是孩子必須逐漸脫離對父母的依賴及督促，而養成自動自發學習的習慣。

父母應該讓孩子了解，學習不是責任，不是壓力，也不是例行公事，學習是孩子自己的事情，學習成效的好壞也是孩子自己的責任。

小學中年級的學生也要開始學習自行設立學習計劃，父母親在剛開始或許可以從旁協助，但是也只能提供一些建議意見就好，而不是完全為孩子一手操刀。

每個階段的孩童都可以進行不同的學習成果的展現，但是，在小學中年級階段應該具有更多的能力，父母應該多加鼓勵孩子以不同方式表現，這將有助其觸類旁通及表現創意的能力，同時，這也是激發學習創意，以及連貫或綜合不同學習手法的觸媒劑，並可以使每一種學習行為變得更為有趣。

學習的過程不可能都是有趣的、愉快的，其中必然有枯燥、乏味、困難，不勉強自己就無法渡過難關，無法享受到更多的樂趣。

學習是孩子的責任。讓孩子瞭解，學習、上課、做作業是他的權利，也是他的義務，並不是全世界所有的孩子都能享受這些權利。

十一：課外活動

在合理、安全的前題下，父母應該鼓勵孩子參與正規學校教學之外的活動，也就是所謂的「課外活動」。

課外活動歷來不受重視

有些家長並不重視課外活動，認爲孩子只要把學校指定的教科書讀好，頂多再閱讀一些課外讀物，就綽綽有餘了，尤其是年紀較大的孩子，由於學校課業已經夠繁多了，如果再把心思花在參加課外活動上，可能會影響正規的學習活動，因此不宜多加鼓勵。

還記得童年時，我父母親就是抱持著這種心態，從小就不讓我有機會參加課外活動，甚至連放學之後都不能與鄰居小孩任意在大街小巷中玩耍、打球等，我的生活觸角因此變得非常受限，交友的範圍也十分狹窄，我雖然一直是父母師長眼中的乖小孩，但是長大之後，卻發現自己的童年十分貧乏。

我的例子在台灣並不算獨特，許多與我同年齡的朋友，也都是在這種家庭氣氛中長大，因爲當年的升學壓力比起現在更大，而且生活環境也比現在單純許多，父母除了要求孩子認眞用功讀書，以便一路順利升學之外，幾乎就別無所求。

時至今日，台灣的生活環境產生巨大變化，學生除了學校之外，也會被社會上琳琅滿目的各種活動所吸引，大多數的家庭經濟能力也比較寬裕，再加上有些父母的觀念比較開通，因此也會鼓勵孩子參加學校課業學習之外的活動。

不過，仍然還有許多家長不支持孩子多參加活動，有些家長則抱著可有可無的心情，就算沒有明言禁止孩子參加，但是也並不予以重視，總以爲那些都是多餘的，不値得孩子浪費太多精力、時間去參加，也因此，當孩子參加一段時日之後，由於遭遇某些困難，或是由於某種原因失去興趣時，家長也不堅持要孩子持之以恆，並認爲中途放棄也沒有什麼大不了。

其實，孩子參加課外活動具有多種教育功能，而家長面對孩子參加課外活動的心態，則將會影響孩子的學習成效。

多方參與拓展學習層面

孩子參加課外活動，可以擴大學習範圍，補充學校教育的不足，引發孩子多方面的興趣或才能，使孩子的生活多采多姿；同時，也可以讓孩子應用在學校所學的知識，實際應用在生活層面，拓展學習的深度與廣度，對於學校的學習具有相輔相成的效果。

兒童的課外活動又可分爲學校所舉行的各種比賽、運動會、校外教學、遠足、表演晚會，或是下棋、繪畫、作文、書法等學藝社團；另外，還有學校之外的活動，包括學習才藝項目，如樂器、合唱團、棋類項目、各種球類或體育活動，以及其他社會上各種團體，包括公益社團或基金會、文化藝術團體、宗教性團體等所舉行的社團活動或知性活動。

基本上，學生參加課外活動應以自願性爲佳，不過，由於小學生的年紀尚小，對於許多活動的實際內容並不了解，所以家長有必要爲子女徹底解說，必要的時候，家長甚至可以爲子女打聽有關活動的學習項目、學習進度、參加的方式等，務必使子女充分了解之後，最後與子女一起商議，再做最後決定，這也是預防孩子有三分鐘熱度或虎頭蛇尾的方法之一，因爲通常會有上述現象，多是因爲事前對於活動的認識不夠，只憑一時興起，就草率下決定所造成。

不過，嚴格來說，台灣目前小學由學生自願性參加的課外活動項目有限，絕大多數的活動都是學校老師規定或要求學生「一定」要參加的，例如，運動會、遠足、戶外教學、校慶等等，儘管這類活動並不是由學生主動發起自願參加的，但是，參加該類活動，仍然有許多正面性的教育意義，例如，可以激發學生的團隊精神、榮譽心，以及進取心等，而且，其中也比靜態性的上課學習要生動有趣多了，因此家長應該要鼓勵子女認眞參加，並且在必要時，給予實質協助，像是出錢出力，以及出席有關活動，爲子女所屬的團隊加油、打氣。

除了全校師生一起，或是全年級、班級共同參加的課外活動外，小學生的課外活動另一個大類，就是各種學藝競賽活動，例如書法、作文、音樂、演講、或體育競賽活動。學生參加這類課外活動，除了磨練技藝之外，而且也可以激發榮譽心，一般而言，對於參賽者均具有鼓勵作用，但是，如果學生所感受到的來自老師、同學，以及父母所給予的壓力太大的話，那麼對於參賽學生反而有不良影響，可能造成他們過度的重視獲獎，而忽略了參加競賽乃在磨練技藝的初衷。

大體而言，孩子參加競賽性活動還是正面的意義居多，即使孩子參加時感受到競爭的壓力，但只要是適度的壓力，對孩子仍然具有激勵作用。只可惜，目前台灣校園裏——尤其是小學——的課外活動似乎是少數模範生的專利，都是由班級上優異的學生代表參加，而且，還多是由老師選派，如果學校及老師能多多鼓勵學生自由報名參加則會更有教育意義。

參加活動的觸角可延伸到校外

爲了激發孩子多方面的潛力，家長不妨讓孩子參加課外活動的觸角從校園內延伸到校園外部，不論是住宅的社區活動、鄰里敦睦活動，以及社會上各種團體所舉辦的文教活動、知性活動，例如美術館或博物館之旅、動物園之旅、賞鳥或賞鯨之旅、音樂會、讀書會等，甚至是宗教團體所舉辦的活動，例如基督教有主日學，佛教也有小學生的初級靜坐課程等。

總之，今日台灣民間社會的活力充沛，各類活動更是多采多姿，舉凡動態的、靜態的、社會人文的、自然科學的……包羅萬象，令人目不暇給；許多活動的設計不但富有創意及啓發性，而且非常活潑有趣，有些課程內容深入淺出，往往不輸學校的教學活動，在在值得家長鼓勵子女參加，當然，能夠親子一同參加，則意義更非比尋常，不僅可促進親子情感交流，並且可以共同分享學習的樂趣與收獲，如果家長能夠用心安排的話，還可以成爲一項固定性的家庭休閒活動之一。

以我自己家庭的經驗爲例，每逢週末、假日，就是我們全家最重要的親子共同參加社會活動時間，也是共同學習與經驗交流的時間，我與太太偏愛文化、美術、戲曲、宗教等人文性質活動，而兒子則熱愛自然科學，包括動物、昆蟲等，爲了孩子，我們常常逛動物園、博物館，光是台北市立動物園、省立博物館、科學館，自兒子懂事以來，我們夫婦分別就帶兒子去過數十次，而太太最愛參觀美術館及畫廊，我則喜愛看國劇、上廟宇朝拜，所以，兒子也經常與我們經常出入這些場合，並參加有關的活動，結果，他在不知不覺中也培養了對美術、宗教與戲曲等的興趣，而我們相信，他在這方面所獲得的知識，並不能夠在目前的小學校園中得到。

學習才藝必須持之以恆

讓孩子學習才藝課程，是目前台灣孩童最主要的課外活動之大宗，這也顯示台灣社會日益富裕，以及家長對於培育子女才能不餘遺力的風氣。

孩子在課餘之際參加才藝或運動學習活動，當然有很多方面的教育意義，既是補充學校教育的不足，而且也可以拓展孩子的學習層面。

不過，才藝及體育學習活動應該要以孩子的性向與興趣爲基礎，而不是大人的意見做主導。如果家長站在強勢主導孩子的才藝學習活動立場，可能不是挖掘，反而是壓抑孩子的眞正才能；反過來說，如果孩子對於某些家長喜愛的才藝、體育學習沒有深厚興趣與熱情時，家長不應該勉強孩子學習，否則就是對孩子的一種壓迫。

所有的才藝、運動學習活動都是由淺入深，中間一定會有進階性的學習障礙，年幼的孩子由於定力及耐力都不夠堅強，所以不論在學習之初，他們有多麼強烈的學習熱情，遇到障礙時，一定會顯示出困倦、畏縮的態度，亦即所謂的學習低潮，此時家長必須付出最大的忍耐、支持，以及一貫的堅持態度，鼓勵孩子持之以恆，但是千萬不可以動輒責罵或是譏諷相逼，以免挫傷孩子持續下去的信心。

半途而廢是孩子學習才藝及體育活動的最大忌諱，而這種挫敗經驗也可能對孩子未來的學習產生深遠的影響；相反地，當孩子能夠克服學習低潮，一次次度過學習障礙，這種克服困境、邁向新的學習境界的成功經驗，也會對孩子的其他學習提供良性的學習模式。

凡事慎乎始，當家長決定讓孩子學習課外才藝或體育活動時，必須讓孩子充分了解有關項目的學習內容、時間、長度、難度等等，並且教導孩子「慎重其事」的重要性，千萬不要一發現孩子才稍微顯露興趣，家長就不計一切後果，興致勃勃地爲孩子報名參加，倒不如仔細觀察一段時間，甚至故意延遲一些時間，吊吊孩子胃口，等到十分確定孩子有足夠的熱情學習之後，才答應孩子參加，這是因爲人性對於愈是得來不易的東西，愈是能夠加以珍惜，大人如此，小孩更是如此。

〈實用手冊〉

訓練階段

小學低年級

訓練內容

* 鼓勵孩子參加學校的課外活動，如遠足、戶外教學參觀、運動會等。
* 帶孩子出席社區的聯誼活動、敦親睦鄰活動等。
* 帶孩子參觀動物園、美術館、博物館等。
* 根據孩子的興趣、專長，為孩子選擇才藝課程，並開始潛心練習。

訓練目標

小學低年級的學校功課尚不太繁重，所以父母更可以用心安排孩子的課外活動。雖然，此時孩子的年齡尚小，但是父母可以藉著帶孩子出席一些公益社團活動、參觀文教機關，或是富有教育性質的組織所舉辦的活動，讓孩子擴大生活圈，並見識社會生活的內涵。

訓練階段

小學中、高年級

訓練內容

＊鼓勵孩子參加學校內、外的競賽活動，如學藝競賽、體育競賽等。

＊以實際行動，包括出錢出力，或是出席現場加油等方式，支持孩子參加學校所舉行的各項課外活動項目。

＊繼續讓孩子參加社會上各種文教機構、公益團體所舉行富有教育意義的活動，做為孩子學校課外活動的延伸。

＊繼續鼓勵孩子參加的才藝學習項目，並留意他們是否遭遇學習困境，並協助他們走出困境，邁向學習新里程。

訓練目標

自小學中年級起，孩子的社會意識漸增，他們的活動天地，也應該從家庭、學校慢慢擴展到社會各層面，如果家長本身就熱心於各類公益活動，孩子會耳濡目染，關心的層面也會比一般的小學生更多、更廣。當孩子升上小學高年級之後，孩子的性向及能力發展會日趨清晰，因此，家長應該鼓勵他們參加更多有關的課外活動；相對地，如果不符孩子能力及性向的課外活動項目，則應該逐步減少，才不致於浪費時間、分散精力，並影響到正規課業的學習。

十二：孩子的零用錢

究竟要不要給孩子零用錢？如果答案是肯定的，那麼孩子多大時應該給？給多少？如何給？諸如此類的問題，一直爲許多家長所關心，但是爭議也很多，答案往往因人而異。

幫孩子建立金錢觀念

目前社會的潮流是主張要給孩子零用錢，因爲有助於孩子建立金錢觀念，以及學習使用、分配及管理金錢；讓孩子在自由的限度內，自由使用金錢，還可以訓練其獨立自主的精神，讓孩子透過處理錢財的過程，可以訓練其對經濟負責的態度；此外孩子獲得零用錢的方式，也可以了解金錢的價值，尤其是當他們必須對家庭有所付出，例如做家事，或是達成一定的工作目標，例如考試成績優秀等，才能獲得額外的零用錢，讓他們了解，天下沒有不勞而獲的好事。

但是，仍然有不少人反對給孩子零用錢，尤其特別反對孩子必須透過做家事，或達成某個努力目標，而獲得零用錢，因爲，這將養成孩子依賴金錢，甚至趨於自私自利的習慣，因爲孩子是家庭的一分子，爲家庭付出，本來就是他們的責任；另外，如果用金錢做爲孩子努力成果的報酬，等於是一種變相賄賂，那麼會造成孩子爲金錢而努力的心態。換句話說，零用錢將成爲控制孩子的工具，長久以往，親子的情感還會因此漸漸變質。

我也堅決反對把零用錢作爲控制孩子的工具，尤其是把零用錢作爲鼓勵孩子做家事、及優良行爲的誘餌，一旦孩子做的不好，或做錯事後就予以取銷；我更反對在沒有特殊理由的情況下，只因爲自己心情好，就給孩子一筆零用錢，這些的確只會破壞孩子的金錢概念，對於孩子建立正確的理財行爲沒有任何助益。

但是，我還是贊成應該給予孩子零用錢，讓孩子在一定程度的範圍內，自由支配使用屬於他個人的金錢。在這裡，我特別強調，孩子使用其個人金錢，必須侷限在某種範圍，而不是隨心所欲，因爲在財務規劃的道路上，孩子畢竟還只是初學者，如果他們擁有的零用錢數量不小（很有可能是得自祖父母或其他親友的禮金），必須儲存起來，大筆金額則應儲存在銀行，而他每次要取用時，必須與父母討論，經同意之後，才得取用。

至於是基於什麼樣的理由要給孩子零用金？一定必須是孩子有優良行爲，或是分擔家務嗎？目前這種做法在西方家庭中非常普遍，許多人所持的理由倒不是爲了想要控制孩子的行爲，是因爲要有給孩子一個零用錢的正當理由，其目的之一，就是要讓孩子了解沒有不勞而獲的事，必須自食其力，才能有額外的收獲。

如果是基於教導孩子建立自食其力的概念，而鼓勵孩子做家事，並給予零用錢，就不是變相的賄賂，這種心態倒是值得肯定的。事實上，同樣都是給予孩子零用錢，家長的心態卻很重要，這當然會影響到實施的手段，以及實施後的成果。

遲早都要面對金錢問題

所有的事情都有正反兩面，所有的決定都會牽涉到事情的正反兩面，而有好壞之分，但是好與壞，不是絕對的，如果因爲害怕有壞處，就完全捨棄，那麼就是因噎廢食，給孩子零用錢的問題也是如此。

給孩子零用錢，的確也會有不良的後果，尤其給得不恰當的話，副作用會更大，但是，完全不給孩子零用錢，也會有缺點，因爲金錢是現實生活裏很重要的一環，如果孩子一直沒有機會自由使用金錢的話，那麼就失去學習理財規劃的能力。

有句話說：「金錢不是萬能，但是沒有錢萬萬不能。」世上有些事情的確不必仰賴金錢，所以「沒有金錢萬萬不能」是比較誇張的說法，但是金錢也不是「萬惡的」，孩子日漸長大，一定會遭遇到與金錢有關的問題，與其長大之後才去接觸，不如早一點讓他們學習。

我主張應該給孩子零用錢，還有一個實際的家庭生活經驗。

在兒子上小學之後，我原先並沒有給他零用錢的打算，就算要給，也覺得這種事情愈晚愈好，因爲他所需要的一切，我們夫妻都已經會盡量給予；此外，我也很不欣賞台灣各個學校裡面的福利社制度，裡面所販賣的商品，單價雖無不高，但是品質很差，何況，還有一些非常不健康的糖果、零食等，年幼的孩子手上有錢，就到福利社亂花用，對他沒有什麼好處。

直到有一天，兒子的老師告訴我，兒子有一天在學校福利社「拿」了一個文具，單價不到幾元，結果被福利社的售貨員發現，兒子的老師得知後，第二天就立刻告訴我。

我這下才知道情況的嚴重性，當兒子回家之後，就立刻向他詢問事情的始末，原來，這個已經上小學的小子完全沒有金錢概念，他只知道自己很想要那一樣文具，於是就「拿」了，這也要怪我們夫妻大意，因爲兒子打從出生後，還未曾讓他自己去買過任何東西。

想當然耳，我與太太花了不少唇舌向他解釋金錢的作用，以及如果不使用金錢，卻去拿別人的東西——不論這樣東西單價多少，也不論這樣東西是朋友、家人，或是屬於商店販賣的——凡是沒有經過別人同意、或是用金錢去換取，就是偷竊的行爲，就是犯法。

雖然，兒子經過我們的解說，對於人類社會的交易行爲，以及有關法規稍微有一點概念，但是還不是十分清楚，不如就乾脆給他一筆零用錢，讓他從實際的實驗中，去了解個透徹吧。

至今，我還十分感謝當年兒子的小學老師，她所做的兩件事，對我們一家幫助很大，第一，她沒有把我兒子當成現行犯，立刻把他捉去訓導處，或是用別的方法處罰他；第二，她在事情發生後第二天，就立刻通知我，使我們可以儘早採取因應對策，我們甚至也與這位老師討論是否應該給孩子零用金，她的回答是肯定的。

兒子第一次犯法，就當場被逮，但是，我們都認爲他算是十分幸運的，因爲他遇到好的售貨員及老師，他們了解孩子初次犯錯情有可原。在我兒子就讀的這所明星學校中，有的老師以嚴格出名，兒子有一位自幼稚園起就認識的朋友，就在他隔壁班，這位小朋友在上小學的第一天就因爲太過調皮，不但被老師轟出去教室外面罰站，甚至還被送去訓導處。

依據不同狀況給予

給孩子零用錢，代表的是對孩子的一種信賴，也肯定他的判斷能力——他知道該怎麼花錢，以及如何花錢才是最明智的——當然，父母在開始給孩子零用錢的時候，就要教導他正確的觀念。

太過年幼的孩子，不宜給他們零用錢，大約要到孩子上小學以後，特別是等到他們開始對加減乘除有概念的時候，才開始考慮給孩子零用錢。

至於該給多少零用錢呢？是否要與別人家的孩子一樣呢？答案是因人而異的。每個家庭的經濟狀況不同，每位父母對於金錢的價值也有不同判斷，有些家長很節省，有些卻比較闊氣，家境好的家庭不一定會多給孩子零用錢，經濟小康的家庭，可能給孩子的零用錢卻很大方。

我認為，只要父母覺得孩子的處理金錢能力夠好，就可以依照個別家庭狀況而給，如果能夠與一般的學童差不多也無妨（很多小學生已經懂得去與別的同學比較了），如果不如別人，父母就要向孩子說明他們的理由何在。這種解說，其實也是對孩子進行金錢教育的機會。

但是，無論如何，最好不要給孩子太多的零用錢，當然，何種數量才是太多？這又是一個難以定論的答案。不過，有一個簡單的計算方式，就是依照當前的物價水準，去核算孩子基本生活開銷，得到一個數字，再根據這個數字，決定給孩子零用錢的比例。

基本上，孩子的零用錢是孩子用來花費在自己喜歡的零食、玩具、文具、衣物，以及送人的禮物等等，也就是是父母提供一般基本生活所需之外的東西，從這個角度來推算的話，父母其實不必給孩子太多零用錢，但是也不能對孩子說：「你生活上所需要的一切，我都已經給你了，所以不必再給你零用錢了。」那麼孩子恐怕要感到很洩氣了。

給予孩子零用錢的數額是與其心智成熟度成正比的，比較成熟、個性穩重、又懂得自我節制的孩子，自然可以給予較多的零用錢。最忌諱的是，孩子要多少，就給多少，或是心血來潮、心情特別好時，就給孩子額外多錢，那麼對於孩子建立正確的金錢概念絕對有害無益。

定時定量正常發給

給孩子零用錢的方式，如同吃飯的原則一樣，就是最好要定時定量。當孩子年紀還小時，就給少一點，隨著他年齡漸長，再慢慢增加零用錢的數量。

此外，每次給零用錢的時間也要固定，每次發給的時間不要間隔太長，例如一至兩週爲限，並與孩子共同商議一個時間，例如每個週末、週一等。這些是爲了避免孩子突然得到一筆錢，一時不知如何使用，平均攤開發給孩子一筆零用錢的好處之一，就是可以教孩子做預算的觀念，例如，他如果想要購買一個心愛的玩具，那麼就要把錢慢慢存起來，不要每次一拿到手就立刻花光。記住，不要借錢給孩子，這樣會讓他們養成用「明天錢」的習慣。

教育孩子儲蓄的觀念，而孩子又能確實做到的話，也正是給孩子零用錢的好處之一。如果孩子的零用錢數額較大，能夠在銀行開個人帳戶也不錯，但是孩子在取用銀行大筆金錢時，不可擅自決定，而必須經過父母同意才行。

〈實用手冊〉

訓練階段 小學低年級

訓練內容

* 當孩子開始上小學後，開始酌量給予小額零用錢，最好每週只給一小筆零用錢。
* 當孩子能夠幫忙做家事時，可以增加一些零用錢，但是金額仍不宜太多。
* 家中有不同年齡的孩子時，不要都給一樣金額的零用錢，年紀愈小，所能獲得的金額應該愈少。

訓練目標

基本上，小孩上小學之後，才需要給予零用錢，因為學齡前的幼兒對於金錢的概念還十分模糊，太早給孩子零用錢，反而造成他的困惑。

可是，就算父母不給幼兒零用錢，但是他們仍然有可能獲得，主要是來自祖父母及親友等，其來源為生日，或是過年的壓歲錢。這時，父母不妨為孩子開個銀行戶頭，等孩子大一點再交給他們自己保管。

一旦開始給孩子零用錢之後，必須教導孩子有關金錢的概念，一味地告誡他們不可亂花錢並沒有什麼用處，不如建立一些使用規則，例如每天不得使用超過多少錢，金錢應該用來花在買有用、有品質的東西等等，當然，孩子剛開始可能是不會做正確的判斷的，對他們來說，學校福利社，或是校門口對面小雜貨店的東西都算不錯的。但是，所有的學習都是漸進式的，也可能需要經過錯誤才能進步，所以，讓孩子多試幾次以後，情況就會改善。

訓練階段

小學中、高年級

訓練內容

* 慢慢增加孩子的零用錢金額。
* 當孩子能夠分擔更多的家務時，酌量給予較多的零用錢。
* 為孩子在銀行開一個帳號，並交給孩子保管，但是，每次孩子要使用時，必須與父母商議，經過同意之後，才能取用。

訓練目標

小學中、高年級的孩子已經對金錢有相當的概念，就算父母沒教，學校上課也會教。

父母應該教導孩子做理財規劃，例如如何做預算規劃、如何設立目標、如何計算達成目標的時間等等。

這些都是基本的財務規劃，孩子能夠從其中學會許多東西，例如計算方法就是其一，其次，孩子能夠學會當金錢有限時，只有妥善計劃，排除次要目標，才能愈快達成主要目標，這就是節制的概念，在金錢上不懂得自我節制，有錢就花，那麼就很難買到更有價值、更珍貴的東西。

還有30秒，
29、28、26…

魔鬼奶爸教戰總則

由孝子孝女搖身一變成為魔鬼奶爸，這其間有多少的辛酸、無奈、痛苦、掙扎。我不是虐待狂，也不以改造別人為樂。只要我的魔頭孩子能夠回到嬰兒時期的天使模樣，我絕對願意為孩子任勞任怨、做牛做馬，不管是不是會把他給寵壞了。今天，我成為魔鬼奶爸，孩子很清楚他在家不是老大，而是不能與老大、老二平起平坐的老三。當然我也絕不要求孩子是一個唯唯諾諾的人。

現代戰爭是科技戰爭，現代戰士必須能單獨操作筆記型電腦，單獨操作價值上億元武器，而不像傳統的優良戰士，只是忠貞又肯犧牲血肉之軀的機器人。

化整為零　逐步殲滅

如果你的孩子毛病很多，不聽話、霸道、不講理、不負責、不進取、自私自利、懶惰……父母千萬不要痛下決心，找一個良辰吉日，向你孩子的所有毛病宣戰。如此野心太大的結果反而是失敗的快，更助長了孩子的歪風邪火。最好的辦法是找出最容易糾正的毛病，先拿它開刀，成功的話不但可以鼓舞父母的士氣，還可以挫挫孩子的銳氣，接著再逐步殲滅他的壞毛病就容易得多了。

方向正確　路線曲折

父母不用在每一個決定是不是都正確，只要大方向正確就行了。斤斤計較於你所做的每一個決定的正確性，只會把父母搞瘋，而且讓孩子覺得你是猶疑不決的。明快、果決的下決定，才能培養你在孩子面前的權威感與信賴感。猶疑不決的父母，通常怕犯錯，害怕錯誤的決定會給孩子帶來無法彌補的傷害。其實，他們不能明快的做決定，才是他們所犯的最大錯誤。

要打就快

如果你不相信自己能永遠不打孩子，那麼建議你早點打。不要等到自己已經受夠快抓狂時再打，那時你將難以控制下手的輕重，對孩子造成重大傷害。

打孩子最佳也是最安全的方法，就是打屁股。打屁股的方法是用你的手打在孩子的屁股上，每次以三下爲限，否則就是虐待。

打完了之後，一定要告訴孩子他爲什麼被打。

見可疑追查到底　遇問題立即反映

許多父母都會將孩子撒謊，視爲非常嚴重的錯誤行爲。於是以無比愼重的態度來處理，反覆詢問，深恐冤枉了孩子，也深恐孩子托詞狡賴，但這種愼重，反而正好鼓勵了孩子撒謊，因爲只要他態度堅定，抵死不認帳，你就可能相信不是他幹的。所以，面對孩子的謊話，最好的方法就是運用你的直覺，毫不遲疑的一口咬定就是他幹的，然後告訴他你的處罰。

你怕孩子，孩子就不怕你；你不怕孩子，孩子就怕你。

你爲什麼會對孩子讓步，你難道不明白你的讓步會害了孩子？絕大部分的父母都明白輕易讓步只會害了孩子。那爲什麼他們還是輕易讓步，屈服於孩子的要求呢？因爲不讓步比讓步麻煩。

不讓步，父母要面對哭鬧、在地上打滾、大叫、跺腳、擺臭臉、大力摔門、不說話等依不同年齡而有的不同反應。讓步，比面對這些反應要輕鬆得多。父母怕孩子不高興，孩子就不怕父母不高興。父母不怕孩子不高興，孩子才會怕父母不高興。

沒有公平

孩子所謂的公平，就是聽我的話、照我說的做、給我我想要的、讓我先。父母試圖公平的對待孩子，其實就是對孩子不公平，因爲在這個世界上除了你們，不會再有別人這麼努力的公平對待他。孩子愈認爲公平是天經地義的，他們以後就愈難以適應現實社會。

向孩子道歉

父母確定自己錯了，不妨向孩子道歉。讓孩子知道你不是完美的人，比讓孩子覺得你只是死鴨子嘴硬好多了。

我一戴上這個，你就得聽話哦！！

105 台北市南京東路四段25號11樓

廣告回信
台灣北區郵政管理局登記證
北台字第10227號

大塊文化出版股份有限公司　收

地址：□□□ ＿＿＿＿＿市／縣＿＿＿＿＿鄉／鎮／市／區
＿＿＿＿＿路／街＿＿＿段＿＿＿巷＿＿＿弄＿＿＿號＿＿＿樓
姓名：

大塊 LOCUS 文化

編號：SM042　書名：魔鬼奶爸

大塊
LOCUS
文化

讀者回函卡

謝謝您購買這本書，爲了加強對您的服務，請您詳細填寫本卡各欄，寄回大塊出版 (免附回郵) 即可不定期收到本公司最新的出版資訊。

姓名：________________________**身分證字號**：________________________

住址：____

聯絡電話：(O)________________________ (H)________________________

出生日期：______年______月______日 E-mail: ________________________

學歷：1.□高中及高中以下 2.□專科與大學 3.□研究所以上

職業：1.□學生 2.□資訊業 3.□工 4.□商 5.□服務業 6.□軍警公教 7.□自由業及專業 8.□其他________

從何處得知本書：1.□逛書店 2.□報紙廣告 3.□雜誌廣告 4.□新聞報導 5.□親友介紹 6.□公車廣告 7.□廣播節目8.□書訊 9.□廣告信函 10.□其他____________

您購買過我們那些系列的書：
1.□Touch系列 2.□Mark系列 3.□Smile系列 4.□Catch系列
5.□PC Pink系列 6□tomorrow系列 7□sense系列 8□天才班系列

閱讀嗜好：
1.□財經 2.□企管 3.□心理 4.□勵志 5.□社會人文 6.□自然科學
7.□傳記 8.□音樂藝術 9.□文學 10.□保健 11.□漫畫 12.□其他_____

對我們的建議：____

____

____

LOCUS

LOCUS

LOCUS

LOCUS